國語國文學叢書 091

蒙語類解

학자원

국어국문학총서 91

蒙語類解

2018년 9월 15일 초판 1쇄 발행

저　자 : 미 상
펴낸이 : 김병환
펴낸곳 : 학자원
주　소 : 134-814 서울시 강동구 천호대로 1121
전　화 : 02) 6403-1000
팩　스 : 02) 6338-1001
E-mail : hakjaone@daum.net
등　록 : 2011년 3월 24일 제324-2011-14호

HAKJAONE Publishing Co.
1121 Cheonho-Daero Kangdong-Gu Seoul

ISBN : 979-11-6247-060-2 93810

값 40,000원

蒙語類解 蒙語類解補 解題

洪 允 杓

司譯院에서 蒙古語 學習用으로 편찬 간행된 中國語 - 國語 - 蒙古語 對譯語彙集이다. 이 책은 누가 언제 최초로 간행하였는지는 알려져 있지 않다. 단지 1768년(영조 44년)에 李億成이 이 책을 개정하여 간행하였다는 기록이 『通文館志』에 전하고 있다.

> 蒙語類解板 乾隆戊子 蒙語訓長 李億成修整本院刊板
> <『通文館志』 卷八 什物條 8b>

그러나 이 책은 현재 전하지 않고 있다. 이 책의 부분적인 모습은 李義鳳이 편찬한 『古今釋林』 속에 있는 「三學譯語」에 인용되어 있을 뿐이다.

현재 전하고 있는 책은 1790년(정조 14년)에 方孝彦이 이를 다시 수정·증보한 것이다. 이러한 사실은 이 책과 같이 간행된 『捷解蒙語』에 실린, 李瀷의 '蒙學三書重刊序'에 자세히 기록되어 있다.

> 舊有蒙語老乞大 捷解蒙語 類解等書 至今用於科試 然間與蒙人接語音異語殊 彼此瞠然 此亦未必不由於蒙書之不得其眞也 本學堂上李公億成 曾爲訓長時 慨然於此 每赴燕京 輒就蒙古館 與之論難字義演習語音 歸與有志者 屢年講磨老乞大及類解等書 校其訛謬 更付剞劂 進之業是學者 庶得其正 而伊後數十年之間 又不無古今之差殊學者病之 昨年節使之回回 購得蒙文鑑一秩 則乾隆新頒之音 而與淸蒙諸臣 折衷蒙語新舊音之合於時用者 傍以淸書註釋 乃蒙語之大方也 以其音釋較諸老乞大諸書 太半不類 於是謀所以改舊刊新之道而漢學官金君享宇 願損財鋟梓 稟白都提學 遂開校整之役 老乞大及

類解二書 則隨其字音之差異者 仍舊板而補刊之 捷解一書 則並與字音語套而改之 始役半載 功告訖 本學訓長方君孝彦實主之 又於諸書釐正之暇 裒集類解中闕漏者一千六百餘言 逐類添載 彙作一本 名之曰類解補 且集語錄數百餘句 附之卷末

李億成이 蒙古語 訓長으로 있을 때에 『蒙語老乞大』와 『捷解蒙語』 『蒙語類解』가 譯科의 試驗用으로 사용되었지만, 수십년 동안에 말이 달라져서 蒙古語 訓長 方孝彦이 중심이 되어 이들 세 가지 책을 다시 개정하여 간행하였다는 것이다. 또한 『蒙語類解』 중에서 빠진 1,600여 단어를 모아서 『蒙語類解補』라 이름하고 또 語錄 數百餘句를 모아 '語錄解'를 만들어 卷末에 붙였다는 것이다.

이 책은 현재 두 가지 異本이 알려져 있다. 하나는 서울대학교 규장각 도서에 소장되어 있는 木板本이고 또 하나는 日本의 東京外國語大學에 附屬圖書館에 소장되어 있는 筆寫本이다. 필사본은 목판본을 필사한 것으로 알려져 있다.

규장각 소장 『蒙語類解』는 上下卷과 補篇의 세 책으로 되어 있는 것으로서, 책의 크기는 세로 36.2 cm 가로 24.5 cm이고 半葉匡郭이 세로 가로 각각 26.0 cm, 19.3 cm이다. 四周雙邊에 10행으로 되어 있고, 版心魚尾는 上下二葉花紋魚尾로 되어 있다. 表紙書名이나 版心題, 그리고 內題가 모두 '蒙語類解'이다.

이 책의 앞에는 目錄이 있다. 本文에는 어휘를 각항목별로 분류하여 上卷에는 天文, 時令, 地理, 人倫 등 27類에 1,916개의 어휘를, 그리고 下卷에는 田農, 米穀, 菜蔬, 果品, 疾病 등 27類에 1,926 개의 어휘가 실려 있고 補篇에는 같은 수의 류에 1,475 개의 어휘가 실려 있어서, 모두 54개의 類에 5,317 개의 어휘가 실려 있는 셈이다.

本文은 10행의 각행을 上下 二段으로 나누어 各段에 1개씩 어휘를 수록하였는데, 각 어휘항목은 漢字로 표기된 中國語가 있고, 각 漢字 아래에 한글로 우리말의 뜻을 적어 놓았다. 그리고 그 밑에

○ 로 표시한 아래에 한글로 몽고어의 발음을 적어 놓았다. 그리고 韓國語를 표시하는 경우에, 中國語와 韓國語가 동일할 때에는 중국어 한자의 수효에 해당하는 수만큼 ‘ㅣ’로 표시하여 놓았다. 우리말은 원칙적으로 한글을 주로 사용하였지만, 한자도 가끔 사용하고 있다. 몽고어의 한글표기에는 ㆍ, ㅇ, ᆜ, ㅿ 등의 補助記號를 사용하고 있다. ‘補篇’의 끝에는 ‘語錄解’라 하여 위구르문자를 쓰고 그 아래에 중국어에 해당하는 한자를 쓰고 거기에 해당하는 국어 어휘가 있을 때에는 한글로 그 어휘를 제시하기도 하였다.

그리고 이 ‘語錄解’의 뒤에는 이 책을 편찬할 때의 檢察官, 校正官, 書寫官, 監印官의 이름이 기록되어 있다.

이 책은 1971년에 서울대학교 古典刊行會에서 편집하여 서울대학교 출판부에서 영인하였다.

아래의 解題 부분은 컴퓨터로 처리하는 과정에서 일어난 착오로, 『譯語類解』에 해당되는 부분이 삽입된 것이니, 參考文獻欄을 제외하고는 削除하여 주시기 바랍니다.

하고 있다. 그 몇 예들을 들면 다음과 같다.

① ㅺ : ᄭᅡ보로다<下:8b> ᄭᅡᆨᄂᆞᆫ<上:30a> ᄭᅡᆨ다<補:29b> ᄭᅡᆨ뎡이<補:51a> ᄭᅡᆫ<上:19a> ᄭᅡᆺᄂᆞᆫ<下:17a> ᄭᅢ인절미<上:51a> ᄭᅢ치다<補:54b> ᄭᅧ지다<補:24a> ᄭᅨᄢᅩᆸ다<補:45a> ᄭᅧ닙다<補:29a> ᄭᅧᄆᆡᄂᆞᆫ 것<上:66b> ᄭᅩ다<補:44b> ᄭᅩ리<下:31a> ᄭᅩ아리<下:41a> ᄭᅩᆽᄂᆞᆫ<補:29b> ᄭᅬ ㅅ고리<補:47b> ᄭᅬ온다<下:49a> ᄭᅮ다<上:40b> ᄭᅮ러 안ᄧᅡ<上:40a>ᄭᅮ리<下:18b>ᄭᅮ미다<下:45a>ᄭᅮ유다<上:47b> ᄭᅮ지람<上:31b> ᄭᅮ짓다<上:31b> ᄭᅮᆯ<上:52a> ᄭᅮᆯ벌<補:49a> ᄭᅮᆷᄭᅮ다<補:26b> ᄭᅯᆼ<下:27a> ᄭᅳ드러오다<上:66b> ᄭᅳ리다<上:42a> ᄭᅳ어<補:37a> ᄭᅳ어내<上:67b> ᄭᅳ을 신<上:46a> ᄭᅳᆫ<補:55a> ᄭᅳᆫ타<補:26a>ᄭᅳᆯ<下:17b> ᄭᅳᆯᄂᆞᆫ<上:53a>ᄭᅳᆯ타<補:31b>ᄭᅳᆯ허<補:31b> ᄭᅳᆺ<補:60b> ᄭᅳᆺᄂᆞᆫ 빈혀<上:43a> ᄭᅵ고<補:48a> ᄭᅵ다<上:53b> ᄭᅵ오다<上:18a> ᄭᅵ이다<補:32a> ᄭᅵ티다<上:48b> ᄭᆡ다<上:17b>

ᄭᅵᆷ즉<補:24a> ᄭᅵ다<補:33b> ᄭᅵᄃᆞᆽ다<補:24a> ᄭᅵ여나다<下:48b>

② ㅲ : ᄞᆞ다<下: 24b> ᄞᅵ다<下:47a> ᄞᅢ므다<下:49b> ᄞᅧ오다<下:53a> ᄞᅥ지다<補:14a> ᄞᅩᆽ<補:16a> ᄞᅳᆯ임을<補:51a> ᄞᅳᆯ이다<補:51a>ᄞᅦ정ᄞᅦ정ᄒᆞ다<補:51b>ᄞᅳᆯ이다<補:51b> 지ᄞᅦ다<補:52a> ᄞᅳ어<補:57a> 플ᄞᅴ<補:58b>

③ ㅼ : ᄯᅡ<上:8a> ᄯᆞᆯ기<補:31a> ᄯᅢ다<補:45b> ᄯᅥ러지다<補:24a> ᄯᅥ보다<補:60a> ᄯᅥ혀 먹다<補:38a> ᄯᅥᆨ<上:51a> ᄯᅩ애복쇼와<上:55b> ᄯᅩᆼ개<下:25a> ᄯᅩᆼ누다<下:26a> ᄯᅱ논다<補:61a> ᄯᅱ다<補:50a> ᄯᅳᄂᆞᆫ 비ᄂᆞᆯ<下:7a> ᄯᅳ다<上:48b> ᄯᅳ리<補:34b> ᄯᅳᆯ<補:14a> ᄯᅳᆷᄉ단지<補:35a> ᄯᅳᆷ질<補:35a> ᄯᅴᄯᅴ다<補:28b> ᄯᅴ장이<補:19b> ᄯᅴ치다<補:40b> ᄯᅴᆺ돈<補:28b> ᄯᅵᆺᄂᆞᆫ<上:18b> ᄯᅵᆺ다<上:54b> ᄯᆞ로다<補:57b> ᄯᅩᆯ<上:57b> ᄯᅩᆷ 내다<補:35a> ᄯᅩᆷ밧기<補:28a> ᄯᅩᆷᄯᅩ야기<上:62a> ᄯᅩᆷ엇치<下:19b> ᄯᅵ<補:29a>

④ ㅳ : ᄠᆞᆯ기<下:41a> ᄠᅢ<上:64a> ᄠᅥ나다<上:7b> ᄠᅥ다<上:46b> ᄠᅥ드다<下:23a> ᄠᅥ러디다<上:53b> ᄠᅥ져기다<下:46a> ᄠᅥᆯ리다<補:33b> ᄠᅥᆲ다<上:53b> ᄠᅦ<下:20b> ᄠᅦ구름<下:4b> ᄠᅱᆺ덩이<補:6b> ᄠᅮ러지다<補:56a> ᄠᅮᆯᄂᆞᆫ<下:2a> ᄠᅮᆲ다<補:45a> ᄠᅱ<下:40a> ᄠᅳᄂᆞᆫ<補:43a> ᄠᅳ믈<補:31b> ᄠᅳᆫ 나괴<下:31b> ᄠᅳᆫ 믈<下:29a> ᄠᅳᆯ<上:18b> ᄠᅳᆷ ᄠᅳᄂᆞᆫ 병<上:61b> ᄠᅳᆺ다<下:25a> ᄠᅳᆺ어 먹다<補:48b> ᄠᅳᆺ에<下:44b> ᄠᅴ노다<上:39b> ᄠᅴ다<下:51a> ᄠᅴ오다<上:49a> ᄠᅵᆫ<上:55a> ᄠᆞ뇨<下:52b> ᄠᆞ다<下:12b> ᄠᆞ로ᄂᆞᆫ<下:4b> ᄠᆞ리다<上:54b> ᄠᆡ<上:47a>

⑤ ㅄ : ᄡᅡ호다<補:47b> ᄡᅡ힌 냉<補:34a> ᄡᅡᆼᄇᆡ을<上:59b> ᄡᅡᆼᄉᆡᆼ<補:32b> ᄡᅩ다<補:15a> ᄡᅮ다<上:49b> ᄡᅮᆨ<下:40b> ᄡᅮᆨ빗쳇 비단<下:4a> ᄡᅮᆨᄧᅵᆷ ᄒᆞ다<補:35a> ᄡᅲ시다<上:47b> ᄡᅳᄂᆞᆫ 글월<上:10b> ᄡᅳ다<上:15a> ᄡᅳ레 주롬<下:6b> ᄡᅳᆯ개<上:35b> ᄡᅳᆯ알히게<補:4a> ᄡᅴ오다<補:36b> ᄡᅵ<下:8a> ᄡᅵᄉ터타<下:8a> ᄡᅵ양이<下:18a> ᄡᅵᄒᆞ다<下:46b> ᄡᅵᆺ다<補:54b> ᄡᆞ눈<上:3a> ᄡᆞ다<補:14a> ᄡᆞ리븨<下:14b> ᄡᆞᆯ<上:24b> ᄡᆞᆯ리<下:42b>

⑥ ㅴ : ᄢᅡ뎌<下:50a> ᄢᅡ지다<補:16b> ᄢᅡ히다<補:28b> ᄢᅡ힌 살<補:16a>ᄢᅢ짓<下:26a> ᄢᅣᆷ<上:33b> ᄢᅣᆷ에<上:67b> ᄢᅧᆺᄂᆞᆫ<補:41b>

ᄲᅥᆸ내다<補:36a>ᄲᅥᆸ다<補:45b>ᄲᅩᆼ나모<下:42a> ᄲᅧᆯ고도리<補:16a> ᄲᅧᆯ이다<補:6b> ᄲᅮᆷ<補:35b> ᄲᅴ다<補:6a> ᄲᅦᄠᅮ러지다<補:41b> ᄲᆡ다<上:37a> ᄲᅵ알<下:40a>

⑦ ㅾ : 다섯 ᄶᅩᆨ<補:36a> 대ᄶᅩᆨ으로<上:67a> 둘ᄶᅢ ᄶᅮᆷ<下:2b> ᄶᅬ여<補:45b> ᄶᅵᆼᄒᆞᆫ 우ᄅᆡ<補:2a> 일ᄶᅳᆨ이<補:3b>

⑧ ㅶ : ᄧᅮᆨᄧᅵᆷ ᄒᆞ다<補:35a> ᄧᅡᆨ<補:60b> ᄧᅩ긔다<補:54b> ᄧᅩ차내 티다<上:67b> ᄧᅬ다<補:29a> ᄧᅮᆺ다<下:47b> ᄧᅵᄂᆞᆫ<補:43b> ᄧᅵᆫ 밥<補:30a> ᄧᅵᆺ다<補:42a> ᄧᅵᆼᄒᆞ다<補:24b> ᄧᆞ다<補:29a> 안ᄧᅣᆼ 죠알이<補:20a>알ᄧᅵ근ᄒᆞ다<補:32a>일ᄧᅳᆨ이<補:54a> 窓ᄧᅡᆨ<上:17b> 코ᄧᅵᆫ 믈<下:29a>

⑨ ㅃ : 가리뼈<上:35a> 목념쥬뼈<上:34a> 빠버다<上:10a> 복쇼아뼈<上:36a> 뽀롯ᄒᆞᆫ <上:6a> 뽑다<上:48a> ᄈᆞ라먹다<上:54a> 사모뿔<上:43a> 빠히다<下:48a> ᄈᆡ다<上:47a> 쟝긔뼈<上:35b> ᄒᆞᆫ 뼘<上:64b>

⑩ ㅆ : 쓰다<上:8a> ·썅ᄇᆡ<上:60a> 싸흐다<上:63a> 셩ᄊᆞᆫ 믈<下:29b> 싸호다<下:30b> 디달싸다<下:34a> ᄊᆞᆫ눈<補:2b> 쏫다<補:6b> 여섯 쌍<補:36a> 출ᄊᆞᆯ<補:42a> ᄊᆞᆯ아기<補:42b>

2. 語末子音에 ㄷ 이 표기되어 나타난다.

닫<下:20b> 닫줄<下:20b, 下:21a>

3. 다음과 같이 『譯語類解』와 『譯語類解補』에서 나타나는 표기상의 차이를 보이면 다음과 같다.

ᄠᅥ러디다<上:53b>~ᄯᅥ러지다<補:24a>, ᄠᆞ로ᄂᆞᆫ<下:4b>~ᄯᆞ로다<補:57b>, ᄠᅳᆷ ᄠᅳ다<上:63b>~ᄯᅳᆷ질ᄒᆞ다<補:35a>, ᄠᆞᆯ기<下:41a>~ᄯᆞᆯ기<補:31a>, 뼈<上:32b>~ᄲᅧ<補:22a>, 빠히다<上:64a>~ᄲᅡ히다<補:28b>, ᄧᅬ다<上:5b>~ᄶᅬ여<補:45b>, ᄉᆞᆺ<上:34a>~ᄡᅮᆺ<補:16a>

4. 『譯語類解』에서 나타나지 않던 口蓋音化의 표기가 『譯語類解補』에서 나타난다. 그 일례를 들면 다음과 같다.

됴흔<上:7a>~죠흔<補:9b>, 견ᄃᆡ디<上:38b>~견ᄃᆡ지<補:56b>, 딧튼<下:4a>~짓튼<補:40a>, ᄆᆡ티다<上:15a>~ᄆᆡᆺ치다<補:4b>, 모디다<下:47a>~모진ᄇᆞ람<補:2a>, 뭇티다<下:46b>~뭇치다

<補:12a>, 믄허디다<上:14b>~문허지다<補:5a>, 밀티다<下:47a>~밀치다<補:26a>, ᄢᅢ뎌<下:50a>~ᄢᅢ지다<補:16b>, ᄇᆡ뎝<上:46b>~ᄇᆡ졉ᄒᆞ다<補:14b>, 소옴티<下:32b>~소옴치<補:49a>, 디다<上:1b>~지다<補:1b>, 뎌<下:43a>~져<補:57b>, 이리뎌리<下:43b>~이리져리<補:59b>, 티다<上:2a>~치다<補:4a>, 터디다<下:51b>~터지다<補:4b>

5. 語中의 ㅅ 을 표기하는 방법은 두 語辭 사이에 표기하는 방법, 先行音節의 끝에 붙여 쓰는 방법, 後行音節의 初聲에 붙여 쓰는 방법 등이 있다. 『譯語類解』나 『譯語類解補』에서는 위의 세 가지 표기 방식을 다 보이고 있다.

① 어중에 표시한 것 : 개ㅅ버들<補:50b> 계ᄌᆞㅅᄀᆞᄅᆞ<上:52b> 고기ㅅ가싀<下:38b> 고기ㅅ덩이<補:30b> 굴ㅅ독<上:18b> 귀ㅅ구무<補:21b>귀ㅅ구무<上:33a> 귀ㅅ뎐 <補:21b> 귀ㅅ바회<上:33a> 귀ㅅ밥<上:33a>귀ㅅ젼<上:33a>글ㅅ방<補:12b>금은ㅅ덩이<補:38b> 긔ㅅ대<補:10b> 나모ㅅ결<補:51a> 나모ㅅ공이<補:51a> 나모ㅅ등걸<下:43a> 나모ㅅ진<補:51a> 나조ㅅ겻<補:3b> 낙시ㅅ대<補:17b> 낙시ㅅ밥<補:17b> 낙시ㅅ줄<補:17b> 녀름ㅅ깃<補:28a> 년근ㅅᄀᆞᄅᆞ<補:31a> 눈ㅅ곱<上:32b> 눈ㅅ두에<上:32b> 눈ㅅ물<上:33a> 눈ㅅ부텨<上:32b> 눈ㅅ섭<上:32b> 니마ㅅ 두쎌<上:32b> 니마ㅅ박<上:32b> 니ㅅ므음<上:33b> 니ㅅ블회<上:33b> 니ㅅ삿<補:21b> 다리ㅅᄆᆞᄅᆞ<上:36a> 대쵸ㅅᄃᆡ<補:44a> 두다리ㅅᄉᆞ이<補:22a> 듕인ㅅ갑<上:42a> 들ㅅ보<補:12b> ᄃᆞ리ㅅ구무<補:11a> ᄃᆞ리ㅅ기동<補:11a> ᄃᆞ리ㅅ 난간<補:11a> ᄃᆞ리ㅅ보<補:11a> ᄃᆞ림ㅅ줄 <補:45a> 돌ㅅ별리<補:38a> ᄃᆡ패ㅅ밥<補:45a> 마ᄂᆞᆯㅅᄏᆞ다<下:12b> 마리ㅅ가마<上:32a> 매ㅅ자곡<補:35a> 매ㅅ즁쇠<補:16b> 매ㅅ즁쇠<補:43b> 뫼ㅅ갋<補:5a> 뫼ㅅ고개<補:4b> 뫼ㅅ골<上:6a> 뫼ㅅ굴<補:5a> 뫼ㅅ굴헝<上:6a> 뫼ㅅ긋<上:6a> 뫼ㅅ길<補:5a> 뫼ㅅ두던<補:4b> 뫼ㅅ뒤<補:5a> 뫼ㅅ등<補:4b> 뫼ㅅ밋<上:6a> 뫼ㅅ봉<補:4b> 뫼ㅅ틈<補:5a> 뫼ㅅ허리<上:6a> 문ㅅ간방<補:12b> 문ㅅ장<補:13b> 밀ㅅ기울<補:42a> 발ㅅ등<上:36a> 발ㅅ바당<上:36a> 벼개ㅅ돌

<上:18a> 벼개ㅅ모<下:15b> 보리ㅅ집<補:42b> 보ㅅ부츨나모<下:7b> 부레ㅅ 도관<補:44b> 불ㅅ거옷<上:35b> 불ㅅ줄기<上:35b> ᄇᆡㅅᄃᆞ리<下:22a> ᄇᆡㅅ보록<上:35a> ᄢᅵㅅ텨타<下:8a> 살ㅅ대<上:21b> 살ㅅ짓<上:21b> 샹도ㅅ군<補:27b> 손ㅅ금<上:34b> 손ㅅ돕<上:34b> 손ㅅ등<上:34b> 손ㅅ바당<上:34b> 손ㅅ벽 티다<下:46a> 손ㅅ샷<上:34b> 술위ㅅ 동모<補:46b> 슈쥬ㅅ고오리<下:14a> ᄡᅬㅅ고리<補:47b> ᄠᅳᆷㅅ단지<補:35a> 안ㅅ손님<補:33a> 외ㅅ손<補:50b> 외자ㅅ쟝<補:38a> 우ᄅᆡㅅ소ᄅᆡ<上:2a> 은ㅅ뎡<補:27a> 잔ㅅᄃᆡ<補:43a> 쟝마ㅅ비<補:2b> 졀구ㅅ고<補:43b> 조을ㅅ갈기<補:48a> 즁ᄆᆡㅅ갑<補:27a> 좀ㅅ귀붉다<補:26b> ᄎᆡㅅ믈<補:29a> 청ㅅ길 <補:36b> 청ㅅ깃<上:45b> 쵸ㅅᄃᆡ<補:44a> 코ㅅ구무<上:33a> 코ㅅ구무엣털<上:33a> 코ㅅ긋<上:33a> 코ㅅ대<上:33a> 코ㅅ도래<補:48b> 코ㅅ믈<上:33a> 코ㅅᄆᆞᄅᆞ<上:33a> 코ㅅ방올<補:21b> 파ㅅ죵지<補:42b> 피ㅅ집<補:42b> ᄑᆞᆯㅅ구머리<上:34b> ᄑᆞᆯㅅ댱 <上:39a> 헛틔ㅅᄇᆡ<上:35b> 혀ㅅᄭᅳᆺ<上:34a> 皇帝ㅅ사회<上:26b> 皇后ㅅ 命<上:10b> 후리ㅅ그믈<補:17b> 후ㅅ보롬<補:3b> 흘림ㅅ쟝<補:38a> ᄒᆞᆫㅅ태구롬<補:2a> ᄒᆡㅅ귀엣골<上:1a> ᄒᆡㅅ모로<上:1a>

② 후행음절에 쓰는 것: 거림 쎌 <上:6b> 관씬 <補:28a> 기름ᄭᅴ 업슨것 <下:53b> 덤벙이ᄂᆞᆫ 씸에<補:26b> 들ᄲᅢᆺ <下:19b> 못 먹을ᄢᅢ시로다<上:54a> 믈ᄲᅢᆯ <上:7a> 볼ᄶᅵ<補:28a> 불ᄭᅳᆺ<補:32a> 손ᄶᅡ락<上:34b> 손ᄭᅳᆸ에 고리<上:36b> 손ᄭᅳᆸ에 키<上:36b> 실ᄭᆞ옴<下:3a> 혀ㅅᄭᅳᆺ <上:34a> 목줄ᄯᅴ <上:34a> 발ᄯᅩᆸ 다ᄃᆞᆷ다<上:48a> 손ᄯᅩᆸ 다ᄃᆞᆷ다<上:48a> 술고조에 언ᄶᅡ <上:49b> 아랫ᄑᆞᆯᄯᅮᆨ<上:34b> 안ᄶᅡ<上:40a> 웃ᄑᆞᆯᄯᅮᆨ<上:34a> 잇ᄶᅡ가<補:58b> 저올ᄶᅢ <下:16a> ᄑᆞᆯᄯᅮᆨ <上:34a> 손ᄴᅡ당 티다<下:52a> 숌ᄯᅮᆯ 베히다<上:37a>

③ 선행음절에 쓰는 것 : 가온댓 門<上:8b> 구윗 明文<上:11b> 나죗 朝會<上:9a> 냇믈<上:7a> 댓무우<下:10b> 뒷간<上:19a> 뒷나모<上:19b> 뒷 솟동<下:20a> 뒷廳<上:9b> 들ᄲᅢᆺ대<下:10a> 믈렛 가락<下:18b> 믌고기젓<上:52a> 바닷믈<上:7a> 방핫고

<下:16a> 방핫 몸똥이<下:16b> 방핫 몸똥이<下:16b> 방핫술게 <下:16b> 방핫확<下:16b> 뵛 조각<下:7a> 부룻대<下:10a> 부쇳깃<下:18a> 부쇳돌<下:18a> 빗 겨티 젓는 나모<下:21a> 빗 고믈<下:21a> 빗 니믈<下:21a> 빗돗<下:21a> 빗돗대<下:21a> 술윗 난간<下:22b> 술윗 文書<上:12a> 슈슛대<下:10a> 입 아랫 나롯<上:34a> 입 웃나롯<上:34a> 집 뒷터<上:19a> 춋디 <下:16b> 홋조곰<上:3b>

參考文獻

金芳漢(1971), 蒙語類解 解題, 影印本 蒙語類解, 서울大 出版部.

金炯洙(1974), 蒙學三書 硏究, 螢雪出版社.

宋基中(1985), '蒙語類解' 硏究, 歷史言語學(金芳漢先生回甲紀念論文集).

______(1988), 18世紀 朝鮮朝 蒙學官들이 理解한 蒙古語 文法 -蒙語類解 附錄 '語錄解'를 중심으로-, 한국학의 과제와 전망, 韓國精神文化硏究院.

鄭 光(1990), 蒙學三書의 重刊에 대하여, 大同文化硏究(成均館大) 25.

鄭堤文(1987), 蒙語類解와 御製滿珠蒙古漢字三合切音淸文鑑 I, 鄭炳洪先生 華甲紀念論文集, 學文社.

______(1989), 蒙語類解에 보이는 圓脣母音 分布의 制約性, 알타이 학보 1.

______(1989), 蒙語類解의 '一云' 표기에 대하여, 閑沼鄭漢基敎授華甲記念論文集. 高麗苑.

______(1990), 蒙語類解와 三學譯語의 몽골어 어휘에 대하여, 愼翼晟敎授 停年退任紀念論文集. 韓佛文化社.

______(1990), 蒙語類解의 몽골어에 대한 연구, 서울大 博士學位論

文.

______(1992), 蒙語類解의 몽골어에 대한 연구, 弘文閣.

崔鶴根(1977), 蒙語類解 附錄 語錄解 評釋, 朴晟義博士還甲紀念論文集.

小澤重男(1961), 中・韓・蒙 對譯語彙集 「蒙語類解」の硏究 (1), 東京外國語大學論集, Area and Culture Studies 제8호.

Ki Joong Song(1978), Mongo Yuhae (Categorical Explanation of the Mongolian Language), A Chinese -Korean-Mongolian Glossary of the 18th Century, Unpublished Ph. D. dissertation, Inner Asian and Altaic Studies, Harvard University.

蒙語類解

上

蒙語類解 一

蒙語類解目錄

上卷

蒙語類解上卷

天文

天道 하ᄂᆞᆯ ○텅거리
蒼天 ㅣㅣ ○쿠커 텅거리

天文 ㅣㅣ ○텅거리 연 운하
天變 ㅣㅣ ○텅거리 연 후 빗할。

天河 은하슈 ○텅거리 연 오요탈。
天涯 하ᄂᆞᆯㅅᄀᆞ ○텅거리 연 홀뫼

日頭 히 ○나란
日光 히ㅅ빗 ○나란 ㄱ거럴。

日出 히나다 ○나란 갈바
日斜 히기우다 ○나란 타시바

日頭落了 히디다 ○나란 우나바
日暈 히ㅅ모로ᄒᆞ다 ○나란 쿠려러버

日珥 히귀엿골ᄒᆞ다 ○나란 호시라바
日蝕 ㅣㅣᄒᆞ다 ○나란 바리뮈

月兒 ᄃᆞᆯ ○사란
月亮 ᄃᆞᆯᄇᆞᆰ다 ○사란 사라굴。

星 별 ○오론

樞星ㅣㅣ ○알。탄 가다수 오론

七星 북두셩 ○도로간 오론

參星 숨셩 ○굴반 마랄。오론

明星 샛별 ○촐。몬

雲 구룸 ○어구러

彩雲ㅣㅣ ○웡거투 어구러

浮雲ㅣㅣ ○너구쿠 어구러

霞 노올 ○우래산 어구러

火雲 노올뜨다 ○투야라바 一云어구러 우래바

霧 안개 ○부당

下霧 안개디다 ○부당투바

霧収 안개것다 ○부당 서쿠버

雷 우레 ○아융가 一云로갓

天鳴鼓 우레ᄒᆞ다 ○아융가 도가루뮈

雷了打 벼락치다 ○아융가 다가리뮈

電 번게 ○챠킬。간

打閃 번게치다 ○챠키루뮈

雨 비 ○보로간 一云호라

下雨 비오다 ○보로간 오로뮈 一云보로가라뮈

細雨 ᅵᅵ ○ 셜비기더쥬 보로간

雨霏霏 부슬부슬오다 ○ 싣 싣 오로뮈

驟雨 쇠나기 ○ 거ᄏᆞᆺ 거ᄏᆞᆺ 오로뮈 云 샤기구루뮈

霖雨 댱마 ○ 뉘린 보로간

下霖雨 댱마지다 ○ 뉘린 오로뮈 云 쥬쉬러뮈

雨晴了 비개다 ○ 보로간 아리ᇰ바

天杠 무지게 ○ 소롱가

虹現 무지게셔다 ○ 소롱가 타타바

虹消 무지게스다 ○ 소롱가 살니바

氷雹 무뤼 ○ 묻ᄅᆞᆯ

下雹子 무뤼오다 ○ 묻ᄅᆞᆯ 오로뮈

露 이슬 ○ 시구더리

下露水 이슬오다 ○ 시구더리 바구바

霜 서리 ○ 키라구

霜打了 서리치다 ○ 키라구 우나뮈

花霜 산고ᄃᆡᆨᄒᆞ다 ○ 챵투지 云 삭숢ᄀᆞᆯ투지 ○ 毫髮에 셩에지다

雪 눈 ○ 챠수

雪心 ᄡᆞᆺ눈 ○ 후리마 챠수 云 시멀킨 챠수

下雪 눈오다 ○ 챠수 오로뮈

雪化了 눈녹다 ○ 챠수 핼ᇰ바

風 ᄇᆞ람 ○ 살。킨

刮風 ᄇᆞ람부다 ○ 살。킨 살。키랴뮈

起風 ᄇᆞ람니다 ○ 살。킨 덕더버

風住 ᄇᆞ람머즉ᄒᆞ다 ○ 살。킨 토호로바

風息 ᄇᆞ람자다 ○ 살。킨 배바

旋風 회호로래ᄇᆞ람 ○ 휘

東開了 동트다 ○ 아구랴 잡살랴바

曉頭 새벽 ○ 원 연 키라가

天亮了 새다 ○ 거거러버

平明 ㅣㅣ ○ 겹 거거러버 一云 원 체버

太陽 볃 ○ 어걸。러

照了 비최다 ○ 게버

影兒 그림자 ○ 바룩 서구덜

天陰 하ᄂᆞᆯ흐리다 ○ 불쿡러뮈

陰 그늘 ○ 서구덜

背陰處 음달 ○ 커시

時令

春 봄 ○ 하불

夏 녀름 ○ 쥬。

秋 ᄀᆞ올 ○나물 冬 겨울 ○어불。

日子 날 ○어둘 今日 오ᄂᆞᆯ ○어녀둘

昨日 어제 ○위츄거둘 明日 ᄅᆡ일 ○말가타 一云마나갈

前日 그젓긔 ○울지 어둘 後日 모릐 ○눠쿠거 어둘

終日 ᄒᆡ지도록 ○나란 우나타라 一云나란 올로타라 初一 站 초ᄒᆞᄅᆞ ○시너 연 니건

十五 站 보롬 ○알반 타분 上弦 첫조금 ○더거두 연 하갓

下弦 훗조금 ○도고라두 연 하갓 盡頭 금음 ○비러군

月盡 ᄃᆞᆯ그무다 ○사라 연 하구칙ㅣ 열 大盡 ᄃᆞᆯ크다 ○사라 이ᅀᅥ

小盡 ᄃᆞᆯ젹다 ○사라 바갸 年 ᄒᆡ ○질。一云온

今年 ㅣㅣ ○어녀 질。 當年 그ᄒᆡ ○문 쿠 질。

時令 蒙語類解上 三

去年 샹년 ○ 원거럭선 질ᇝ 一云 니두눈
前年 그럿 긔 ○ 울지논

明年 리년 ○ 이러쿠 질ᇝ 一云 회투 질。
後年 ㅣㅣ ○ 회투연 회투 질。

每年 히마 다 ○ 질。부리
豐年 ㅣㅣ ○ 얼ᇝ벅 질ᇝ 一云 바얀 질。

饑 荒 年 흉년 ○ 츄학 질。
整年 왼히 ○ 질。토프린

朞年 ㅣㅣ ○ 외 질。
本 命 年 환갑 히 ○ 무쳘권 丁 질。一云 질。오로바

立春 ㅣㅣ ○ 하불곤 알물 오로뮈
正 月 節 ㅣㅣ ○ 챠간 사라 연 토가

正月 ㅣㅣ ○ 챠간 사라 一云 하불곤 터리군 사라
二月 ㅣㅣ ○ 호얄 사라 一云 하불곤 둘투 사라 餘皆倣此

閏月 ㅣㅣ ○ 이러구 사라
正朝 설날 ○ 챠가라후 어둘

元宵 正月보 롬날 ○ 월。져 투 어둘
春分 ㅣㅣ ○ 하불곤 후굿

清明 한식 ○ 거건 퉁가락 一云 너격선 항시
秋分 ㅣㅣ ○ 나물곤 후굿

除夕 ｜｜ ○하구친 우더시　　時節 ｜｜ ○검

時 새 ○챡　　刻 ｜ ○무쳐

早晨 아참 ○원루거　　晌午 낫 ○어둘 두라 ᄒᆞᆫ 우터

晩上 져녁 ○우더시　　夕陽 ｜｜ ○우더시 연 키리

晝夜 ｜｜ ○어둘 수니　　早了 일르다 ○얼터

晩啊 져므다 ○우더시 볼바온ᄂᆞ다　　黃昏 ｜｜ ○거거 타수란

黑了 어둡다 ○하랑귀 볼바　　黑夜 밤 ○수니

夜半 밤ㅅ둥 ○수니 두리　　整夜 외밤 ○수니 다구순

竟夜 새도록 ○거거러터러　　定更 인뎡 ○우더시 쟈군 징

晨鐘 파루 ○거거러키쿠 연 징　　更 경 ○징

打更 치다 경뎜 ○징 쵸키바

頭更 초경 ○터리군 징

二更 ㅣㅣ ○호야두갈 징

陰陽 ㅣㅣ ○비릭 알가

五行 ㅣㅣ ○타분 마하분

古 녜 ○얼련

今 이제 ○어두거

世代 ㅣㅣ ○우여 一云일탄챠

運氣 운 ○우라길 一云검져

暖和 ᄃᆞᄉᆞᄒᆞ다 ○하로오한

熱啊 덥다 通稱 ○하라군

冷啊 ᄎᆞ다 通稱 ○지거군

凉快 서늘ᄒᆞ다 ○서리군

陰冷 ㅣㅣᄒᆞ다 ○침거군

寒冷 칩다 ○퀴턴

凍了 어다 ○쿨러뮈

化了 녹다 ○해루뮈

天旱 ᄀᆞ물 ○강 又瘡

甲 ㅣ ○쿠커

乙 ㅣ ○쿠커친

丙 ｜ ○우라간　丁 ｜ ○우락친

戊 ｜ ○시라　己 ｜ ○시락친

庚 ｜ ○챠간　辛 ｜ ○챠각친

壬 ｜ ○하라　癸 ｜ ○하락친

子 ｜ ○후루가나　丑 ｜ ○우컬

寅 ｜ ○발스ᅀ　卯 ｜ ○타래

辰 ｜ ○루ㅇ　巳 ｜ ○모개

午 ｜ ○모리　未 ｜ ○호니

申 ｜ ○버친　酉 ｜ ○타캬

戌 ｜ ○노해　亥 ｜ ○가해

地理

地頭 짜 ○가잘 又十里之里

地理 ㅣㅣ ○가잘 ㄷ 쥐

光 厥地 뮌짜 ○하길

沙 石地 사석만 잇ᄂᆞᆫ짜 ○어러수 칠라구태 가잘

陷 泥地 즌펄리 ○시발태 一云시발

泥濘 즈다 ○시발다뮈

地動 디진ᄒᆞ다 ○가쟐 쿠더루뮈

山 ㅣ ○아구라

山峯 뫼ㅅ봉 ○쇼롱

山崗 뫼ㅅ부리 ○아구란 ㅜ 시나가

山坡 뫼ㅅ비탈 ○아구란 ㅜ 쿠툴◦

山谷 뫼ㅅ골 ○아구란 ㅜ 쟈바

響應 뫼아리 ○아날 一云다구란

嶺頭 재 ○다바가 ◦ 又쵸개

壑 굴헝 ○수박

窟 굴 ○아귀

窟籠 通稱구무 ○누커

獸穴 큰즘싱의구무 ○어루

小獸宂 젹근즘싱의구무 ○ 쵸녹
巖頭 바회 ○ 하다
陡壁 셕벽 ○ 케수머
懸崖 졀벽 ○ 웡게머
石頭 돌 ○ 치타군
砑石 쟉별 ○ 핼학
丘陵 두던 ○ 도보쟈
岸頭 언덕 ○ 일먹
土 흙 ○ 시뢰
土塊 흙덩이 ○ 붐 시뢰
淤泥 개흙 ○ 락 시뢰
沙 모래 ○ 어러수
塵埃 틔ㅅ글 ○ 토고수
糞土 두험 ○ 혹
野甸子 들 ○ 커거러
平啊 평ᄒᆞ다 ○ 툽신
險啊 험ᄒᆞ다 ○ 벌커
高啊 놉다 ○ 원둘
低啊 ᄂᆞᆺ다 ○ 보고니
江 ㅣ ○ 무런

海 바다 ○다래
湖 ㅣ ○렁깃

潭 소 ○총걀。一云굽
海島 섬 子 ○아랄。

川 내 ○꼬늘。
溪 시내 ○고로하

池塘 못 ○나굴
堰 ㅣ ○다랑

津頭 ᄂᆞᄅᆞ ○오롬
灘裏 여흘 ○탈길

浦 개 ○회
井 우믈 ○후둑

涔池 웅덩이 ○쿠더거
瀑布 ㅣㅣ ○쿨가러

泉 심 ○부락
湧出 소사나다 ○올기위

水 믈 ○우수
水源 믈근원 ○우순 丁 어기

水波浪 믈ㅅ결 ○돌갼
水流 흐르다 ○우루수위

水决了 믈터지다 ○우수 서터러뮈

决水 믈트다 ○우수 서터루뮈

傾水 믈쏫다 ○우수 쿤더루뮈

注水 믈붓다 ○우수 두수루뮈

死水 괸믈 ○투눅산 우수

潮水 밀믈 ○툴치건

潮上 믈미다 ○우수 툴기버

潮退 믈혀다 ○우수 타타라바

水消 믈쐬다 ○우수 타타바

水溢 믈넘다 ○우수 더불버 오솔어넘다

水漲 시위나다 ○빌하바

歪水 믈ᄯᅳ다 ○우수 욷후뮈

水沫子 믈방올 ○우순구복

水泡 믈거품 ○우수 쿠거수

水涸 믈ᄆᆞ른다 ○우수 실긔뮈

溝 기쳔 ○고 오해조

深 깁다 ○균

淺 엿다 ○귀권

清 ᄆᆞᆰ다 ○퉁가락

濁 흐리다 ○부랑길

浮 通稱ᄯᅳ다 ○ 더더뮈

沉 ᄌᆞᆷ기다 ○ 집부뮈 又ᄡᅡ지다

渡水 건너다 ○ 거투루뮈

跐水 헤음ᄒᆞ다 ○ 뭐수치라뮈 一云 움바뮈

氽水 무ᄌᆞ의악ᄒᆞ다 ○ 슝구뮈

氷 어름 ○ 뭐수

氷凍 어름어다 ○ 뭐수투뮈

合氷 ㅣㅣᄒᆞ다 ○ 뭐수 바릴투뮈

滑啊 믯그럽다 ○ 굴구리가

東 剌巴東 ○ 져군 一云 도로나

西 剌巴西 ○ 바라군 一云 워루너

南 剌巴南 ○ 어무너

北 剌巴北 ○ 회투 一云 우마라

上頭 우히라 ○ 더거두 一云 더거러

下頭 아릐라 ○ 도라 一云 도라두

當中 가온대 ○ 둠다

中間 ᄉᆞ이 ○ 호고론두

左 ㅣ ○ 소로개

右 ㅣ ○ 이치

前 앏 ○ 울두터

向前 앏흐로 ○우룩시　後 뒤 ○회나

向後 뒤흐로 ○회시　裏頭 안 ○도토라 一云도토가 두 옷속

向裏面 속으로 ○도토라반 一云도토골　外頭 밧 ○가다나 一云가다가

外邊 밧편 ○가다가 두　外面 ㅡㅡ ○더굴

這邊 이편 ○나가나 一云어너러거　那邊 뎌편 ○챠가나 一云챠두

傍邊 ᄀᆞ ○하쟌　傍 巴刺 겻ㅅ ○하쟈라

四方 ㅡㅡ ○덜번 죱깃　四面 ㅡㅡ ○덜번 죡

四邊 네녁 ○덜번 어터걷

人倫

始祖 ㅡㅡ ○툴굴ᄋᆞ 어부거　高祖父 ㅡㅡ ○후론쳐 어부거

高祖母 ㅣㅣ ○후룬쳐 어머거

曾祖父 ㅣㅣ ○어룬쳐 어부거

曾祖母 ㅣㅣ ○어룬쳐 어머거

祖父 ㅣㅣ ○어부거

祖母 ㅣㅣ ○어머거

親 이어버 ○우룩

父親 ㅣㅣ ○어치거

母親 ㅣㅣ ○어커 一云어지

繼母 ㅣㅣ ○다라가 어커

養父 ㅣㅣ ○터지거선 어치거

伯父 ᄆᆞᆮ아ᄌᆞ비 ○이ᅀ커 아바가

伯母 ᄆᆞᆮ아ᄌᆞ미 ○이ᅀ커 아바가 벌건

叔父 아ᄌᆞ비 ○바가 아바가

叔母 아ᄌᆞ미 ○바가 아바가 벌건

姑母 ㅣㅣ ○아바가 어거치

姑夫 姑母夫 ○아바가 쿨건 아하

當家的 지아비 ○뉘쿨

正娘子 쳐 ○어머 一云걸게

親哥哥 親兄 ○투룩선 아하

哥哥 형 ○아하

兄弟 아ᄋᆞ ○더구ᅮ

排行 항녈 ○니거 우여

嫂子 형의쳐 ○벌건 云벌게

小嬸 아ᄋᆞ의쳐 ○더구 버리

姐姐 ᄆᆞᆮ누의 ○어거치

姐夫 ᄆᆞᆮ妹夫 ○쿨건 아하

妹子 아ᄋᆞ누의 ○위킨 더구ᅮ

妹夫 ㅣㅣ ○더구 쿨건

兒子 아ᄃᆞᆯ ○컥권

媳婦 며ᄂᆞ리 ○버리

女兒 ᄯᆞᆯ ○위킨 오계집아희

女婿 사회 ○쿨건

贅婿 ᄃᆞ린사회 ○쿠츈 ᅮ 쿨건

長子 ᄆᆞᆮ아ᄃᆞᆯ ○아하맏 쿠버군

次子 ㅣㅣ ○호야두갈 쿠버군

晩生子 ᄉᆞᆺ희아ᄃᆞᆯ ○온훈 컥권

遺腹子 ㅣㅣ ○투릔투거순 컥권

姪兒 족하 ○아하 더구 컥권

孫子 ㅣㅣ ○아치 오은혜

曾孫 ㅣㅣ ○지치 오다시

玄孫 ㅣㅣ ○ 구°치

外祖父 ㅣㅣㅣ ○ 나가츄 어치거

外祖母 ㅣㅣㅣ ○ 나가츄 어커

母舅 외삼촌 ○ 나가츄

姨母 ㅣㅣ ○ 나가츄 어거치

外孫 ㅣㅣ ○ 워킨 ㅜ 커컨 ㅣ

公公 싀아비 ○ 하담 어치거 又丈人

婆婆 싀어미 ○ 하담 어커 又丈母

阿哥 형아ᄒᆞ는말 ○ 아바개

親戚 겨릐 ○ 우°룩 우°둠

異姓親 ㅣㅣ겨릐 ○ 부루지거 우°룩

遠親 먼겨릐 ○ 악라가 우°룩

後代 後裔 ○ 우러 又씨

踈遠 ㅣㅣᄒᆞ다 ○ 순죠라바

乳母 ㅣㅣ ○ 쿠쿨°터 어커

小娘子 쳡 ○ 바가한 어머

尊丈 ㅣㅣ ○ 아하 쟈하

婚家 사돈 ○ 후다

孩子 아희 ○ 바가 커컨

朋友 벋 ○ 뉘쿨

交友 번시 괴나 ○ 뉴쿨러뷔

君 그듸 ○ 아부개

姓 ㅣ ○ 오복

名子 일홈 ○ 너러

表字 ᄌᆞ ○ 얼국선 너러

別號 ㅣㅣ ○ 쵸랴

同姓 ㅣㅣ ○ 니거 오복

同名 ㅣㅣ ○ 아미대 一云 아민대

同庚 同甲 ○ 니거 질。태

原籍 본 ○ 누。툭

人品

人 사ᄅᆞᆷ ○ 쿠문 一云 쿤

聖人 ㅣㅣ ○ 복다 쿠문

君子 ㅣㅣ ○ 샌 얼덤련

士 션비 ○ 비칙、고 쿠문

隱士 ㅣㅣ ○ 니국산 얼덤련

烈女 ㅣㅣ ○ 하타구 죠릭태 어머

英雄 ㅣㅣ ○ 바가룰 이더레

豪傑 ㅣㅣ ○ 이더레

太醫 의원 ○엄치
相士 샹보ᄂᆞᆫ사ᄅᆞᆷ ○신지치 쿠문

會卦的 졈ᄒᆞᄂᆞᆫ사ᄅᆞᆷ ○우졀거치。쿠문
民家 ᄇᆡᆨ셩 ○일견

漢子 사나희 ○어러
女人 계집 ○어커널

農夫 ㅣㅣ ○타랴량 ᄯᅩ 어러
閑人 ㅣㅣ ○슈라 쿠문

鰥夫 ㅣㅣ ○꼬니
寡婦 ㅣㅣ ○벌。버순

孤ㅣ ○원우친
獨ㅣ ○각챠갈

太監 고쟈 ○태갼
學生 ㅣㅣ ○술가구리 연 졋걸

買賣人 흥졍ᄒᆞᄂᆞᆫ사ᄅᆞᆷ ○후달루가 키쿠 쿠문
匹夫 ㅣㅣ ○각챠란

匠人 ㅣㅣ ○우란 ᄯᅩ 공표
獵戶 산힝ᄒᆞᄂᆞᆫ사ᄅᆞᆷ ○구루거치 쿠문

樵夫 나모ᄒᆞᄂᆞᆫ사ᄅᆞᆷ ○모로 챱치후 쿠문
牙子 즈름 ○우너 베러굴쿠。 쿠문

媒人 듕ᄆᆡ ○쟈구치　保人 ㅣㅣ ○거러

干證人 증인 ○쿤더련 쿠쿤　男幇子 ᄉᆞ나희죵 ○보골。

女幇子 계집죵 ○시벅친　座頭 ᄆᆞ롬 ○죵룰

使喚人 ㅣㅣㅣ ○쟈루챠　皂隷 ㅣㅣ ○여부싀

跟馬人 구죵 ○쿠투치　跑報 파발 ○선굴。

喂牲口的 즘ᄉᆡᆼ먹이ᄂᆞᆫ이 ○아두구치　村俗人 무지ᄒᆞᆫ사ᄅᆞᆷ ○부터키

糊塗人 흐린사ᄅᆞᆷ ○뭉학태　矜勢人 셰ᄡᅳᆫ사ᄅᆞᆷ ○압쟈가태

妓女 기ᄉᆡᆼ ○다구치 어머　養漢的 ᄀᆞᆫ나희 ○후야리

傭工 고공이 ○우너러선 쿠치　家口 집소솔 ○어루거 아마

叫化子 거ᄋᆞ지 ○괴란치　屠户 ᄇᆡᆨ쟝 ○말。아라후 쿠룬

身體

身子 몸 ○버여

頭 마리 ○토로개 一云터리군

頭腦 마리ㅅ골 ○타리키

顖門 쉿구무 ○쥬래

額顱 니마ㅎ ○망내

頭髮 마리털 ○워수

分道子 ᄀᆞ림자 ○쟈가다수

髮際 살쩍 ○치말해

鬢子 샹로 ○샹호

辮子 호송치 ○거지거

臉䶂 ᄂᆞᆺ ○니굴。

兩臉骨 광대뼈 ○거러 하찰

腮頰 뺨 ○쟈지굴

笑印 보죠개 ○시나

眉毛 눈섭 ○쿠무슈

眼 눈 ○니두

眼珠 눈망올 ○니둔 쳐쳐게

眼瞳 눈엣동ᄌᆞ ○갈。 쳐쳐게

眼邊 눈시울 ○니둔ㅜ 달
眼淚 눈믈 ○니둔ㅜ 닐ㅇ부수

眼眵 눈곱 ○로하
眵結 눈곱며티다 ○로하루뮈

耳朶 귀 ○치키
耳根 귀밑 ○치킨ㅜ 이샤굴

耳輪 귀ㅅ바회 ○치킨ㅜ 쿠버거
耳孔 귀ㅅ구무 ○치킨ㅜ 훙길ㅇ

耳矢 귀여지 ○후ᄅ루구
鼻子 코 ○하발

鼻涕 코ㅅ믈 ○니수
擤鼻涕 코프다 ○니수 니뮈

口 입 ○아마
口涎 춤 ○눌ㅇ무수

吐沫 춤밧다 ○눌ㅇ무뮈
粘痰 담 ○날하가 철

嘴唇 입시울 ○우루굴ㅇ
牙齒 니 ○시두

牙根 니ㅅ무음 ○아굴해
舌頭 혀 ○커러 오알외라

咽喉 목구무 ○호고랴

下頦 톡 ○어럭

頦頸 목 ○호고래

肐窩子 겨드랑 ○수구

肐膊 풀독 ○갈ㅍ 로회

手 손 ○갈

手掌 손ㅅ바당 ○갈ㅍ 아라가

拳頭 주먹귀 ○너둘가

拇指 엄지가락 ○어려게 후루구。

長指 당가락 ○둠다두 후루구。

重舌 목젓 ○호고랴 연 여젼

髭子 나롯 ○사할。

肩膀 엇게 ○무룬

臂 풀 ○찰바구

手腕 손목 ○갈ㅍ 우여

手背 손ㅅ등 ○갈ㅍ 아루

手紋 손ㅅ금 ○갈ㅍ 알

手指 손가락 ○후루구。

指 指人 둘재가락 ○호모개 후루구。 云지가후 후루구。

無名指 || ○너러우게 후루구。 云이담 후루구。

小指 ㅣㅣ ○ 시거졔 후루구。

手虎口 범아귀 ○ 벌。칠

妳子 젓 ○ 쿠쿠

脊背 등 ○ 아루

肚子 빈 ○ 거버리

屁股 볼기 ○ 북서

曲膝 무룹 ○ 퇴긔

脚 발 ○ 쿨。

脚跟 발뒤축 ○ 워수게

骨頭 뼈 ○ 야수 옺주검

手脚指甲 손발똡 ○ 후무수

胷膛 가슴 ○ 엽치구

心窩 명치 ○ 아올리해

腰身 허리 ○ 누루。 一云 니루구。

肚臍子 빗ㅅ곱 ○ 쿼수 一云 쿼

腿子 다리 ○ 구야

小腿 종아리 ○ 볼비

脚背 발ㅅ등 ○ 쿨。 ㄸ 월메

脚心 발ㅅ바당 ○ 쿨。 ㄸ 우라

骨節 ㅣㅣ ○ 야순 ㄱ 우여

肋條 가리 骨 ᄲᅧ ○하비수

皮子 通稱 가족 ○아라수

肌膚 ᄉᆞᆯ ○미하 ᄋᆞᆺ고기

臟腑 오장 뉵부 ○거더수 도롤

肺子 부화 ○아굿키

脾 만화 ○더라구

肚子 膽 쓸게 ○수수

腰子 콩ᄑᆞᆺ ○부거러

魂魄 ㅣㅣ ○수너수 숙

血 피 ○치수

骨髓 ㅣㅣ ○치무거

毛孔 털구무 ○시라 워순 ㅜ 수버

筋 힘ㅅ줄 ○실부수 一云신다수

心 념통 ○지루커

肝花 간 ○어라거

胃 양 ○호도고루

腸子 챵ᄌᆞ ○거더수

尿胞 오좀통 ○다부삭 一云다부상

精神 ㅣㅣ ○두ᅌ술ᅌ 시머

血道 피ㅅ대 ○치수 타밀

脉ㅣ ◯수달。

汗 ᄯᆞᆷ ◯쿠」루수 又빌니 又도지

肛門 황문 ◯차간 미하

髭髭 陽物 ◯오죠해

夘胞 불 ◯불두거

八子 陰門 ◯우루구

尿 오좀 ◯시거수

撒尿 오좀누다 ◯시거뮈

巴白 ᄯᅩᆼ ◯바가수

出恭 ᄯᅩᆼ누다 ◯바가뮈 一云가다가 가루뮈

容貌

形容ㅣㅣ ◯배달。又形勢 又景

貌㨾ㅣㅣ ◯두리

美 아름답다 ◯사한 又잘ᄒᆞ다

俊美 ᄆᆡ자ᄒᆞ다 ◯고배 又곱다

光潔 通稱조촐ᄒᆞ다 ◯커

超羣 出衆ᄒᆞ다 ◯커투러지 又太過ᄒᆞ다

醜 더럽다 ◯모해

面麻 얽다 ◯뉘루거

面有紋 낯살디다 ○후냐수투지

身矮 킈적다 ○버여 보고니

瘦 通稱여외다 ○투라한

壽ㅣᄒᆞ ○원졔。

年幼 어리다 ○비치권

嫩膘 졈어뵈다 ○쟈라구갈

壯ㅣᄒᆞ다 ○치기락

年老 늙다 ○쿡시러버

髮白 셰다 ○채지

衰ㅣ敗ᄒᆞ다 ○도로도지

身子高 킈크다 ○버여 원둘

胖啊 通稱술지다 ○탈군

弱ㅣᄒᆞ다 ○바구래

年紀 나히라 ○나수

年盛 졈다 ○쟈라구

強ㅣᄒᆞ다 ○투리머케

向老 늙어가다 ○나수지후 볼。바

有年紀 나만타 ○나수지바

鬚白 ㅣㅣᄒᆞ다 ○부구룰。 볼。지

憔悴ㅣㅣᄒᆞ다 ○어츼지

眼昏 눈어둡다 ○부룩시바

瘂子 김의 ○올멍거

氣息

氣息 숨 ○아미

氣 긔운 ○아굴 又 김

打嚏噴 즈칙옴ᄒᆞ다 ○내타위

打呼鼾 코고으다 ○훌키라위

喘吁 숨ᄎᆞ다 ○옹고리위 一云 쉬러위

嘔吐 토ᄒᆞ다 ○부걸。지위 一云 궐。기위

嗓子渴了 목ᄆᆞ르다 ○웁다가수위

黑子 사마괴 ○멍거

雀瘢 죽은ᄭᅢ ○섭저

出氣 숨쉬다 ○아밋ᄉᆞ후라위

打噯咈 트림ᄒᆞ다 ○커커리위

打哈欠 하픠옴ᄒᆞ다 ○업셔위

咳嗽 기츰ᄒᆞ다 ○하냐위

惡心 아니ᄭᅩᆸ다 ○두라부리위

打醋心 신목ᄭᅩᆸ다 ○할。기위

思想 싱각ᄒᆞ다 ○사나위

料度 혜아리다 ○볼로뮈 옺혜다

知道 아다 ○머더뮈 〔云무수거러뮈〕

認得 사룸아다 ○타니뮈

覺得 씨듯다 ○서러뮈

快心 ᄆᆞᄋᆞᆷ의훤ᄒᆞ다 ○아랏키뮈 〔云아마라바〕

元氣 ㅣㅣ ○욱。아굴

赧然 무료ᄒᆞ다 ○울마 우게

怨恨 ㅣㅣᄒᆞ다 ○가사루뮈

歎息 ㅣㅣᄒᆞ다 ○삭러수 알。다뮈

嚼 ㅣᄒᆞ다 ○부러뮈

想慕 그리다 ○무루거두뮈

不知道 모로다 ○머더쿠 우게

忘了 닛다 ○말라뮈

心悶 민망ᄒᆞ다 ○위두뮈

心亂 ㅣㅣᄒᆞ다 ○상다구라뮈

害羞 通稱붓그리다 ○이쳐뮈

慙愧 핀잔스럽다 ○이청구러뮈

皺眉 눈섭찡긔다 ○울쳐지

嗟歎 ㅣㅣᄒᆞ다 ○구나가뮈

嗚呼 ㅣㅣ ○애

恐怕 두리다 ○아유위

吃驚 놀라다 ○걸。머위

打嗝 피기ᄒᆞ다 ○죠기수위

伸腰 기지게혀다 ○버여 숭가위

作難 어려워ᄒᆞ다 ○커쳐구셔ᅀᆞ위

性情

天性 ㅣㅣ ○쟝 읏懍

天命 ㅣㅣ ○지야간

倫 ㅣ ○어시 읏쥴기

理 ㅣ ○쥐、

心裏 ᄆᆞᄋᆞᆷ ○선길。

意思 ᄠᅳᆮ ○사나가

仁 ㅣ ○워루셜ᅀᆞ。

義 ㅣ ○착、 읏발 읏시르밋

孝 ㅣ ○얼。버릴。

行孝 효도ᄒᆞ다 ○얼。버리위

悌 ㅣ ○더구치

忠 ㅣ ○시둘구。 一云 꿀。치

信ㅣ ○ 바투
誠 졍셩 ○ 우넌치

正直 ᄒᆞ다ㅣㅣ ○ 치거치
節操 졀 ◎ 죠릭태

聰 다ㅣᄒᆞ ◎ 서쳔
穎悟 다솔갑 ◎ 우하가태

敏捷 ㅣㅣ ○ 일굼。
伶俐 ㅣㅣ ◎ 가산

智 디혜 ◎ 멀건
才德 덕 ○ 얼덤

才能 지간 ◎ 치달。
度量 ㅣㅣ ○ 머덜。

順啊 다슌ᄒᆞ ◎ 어여 벌
軟柔 부드럽다 ◎ 쥐거런 又 무르다

慷慨 ㅣㅣ ◎ 하굴 슈굴
眞箇 딘실 ○ 우넌 又 진짓

老實 고지식 ○ 노오한
雍和 화 ○ 널태

慇懃 ㅣㅣ ○ 얼석。
淸廉 ㅣㅣ ○ 쳐걸

乾淨 조타 ○아리군

儉素 ㅣㅣ ○알빈

儉素 ㅣㅣᄒᆞ다 ○알비라뮈

忍住 참다 ○쿠리쳐뮈

不爲 恐초마모ᄉᆞᄒᆞ다 ○텁치쿠 우게 一云튭터쿠 우게

喜 깃븜 ○바얄

喜歡 깃거ᄒᆞ다 ○바얄라뮈

怒 셩 ○키랑 又麒麟

惱了 셩내다 ○키랑러뮈 一云키랑 투루뮈

息怒 셩쉬지다 ○키랑 신타라지

變色 ㅣㅣᄒᆞ다 ○치래 후비바

面紅 發ᄂᆞᆺ븕키다 ○니굴。우래ᄅᆞ카지

執拗 고집ᄒᆞ다 ○쥬쿠뮈

樂了 즐겨ᄒᆞ다 ○텽걸。투뮈

愛疼 ᄉᆞ랑ᄒᆞ다 ○워루셔뮈

愛惜 앗기다 ○해라라뮈

所願 ㅣㅣ ○주설。

情願 願ᄒᆞ다 ○쿠서뮈 ᄋᆞᆸ부러ᄒᆞ다

利害 사오납다 ○마구

性躁 셩ᄆᆞ르다 ○키랑 하탄

慳吝 닌ᄒᆞ다 ○거릭

性惡 ㅣㅣᄒᆞ다 ○독신옷독

力量 힘 ○쿠촨

勇ㅣ ○바가톨

膽大 ㅣㅣᄒᆞ다 ○지루거 이거

發憤 분ᄒᆞ다 ○터챠다뮈

驕 교만ᄒᆞ다 ○오올하뮈

猶豫 ㅣㅣᄒᆞ다 ○타타갈쟈뮈

倨傲 거만ᄒᆞ다 ○이걸거뮈

懶惰 게으르다 ○오솔다뮈

嫉妬 투긔ᄒᆞ다 ○하라라뮈

偏僻 ㅣㅣ ○결버리구

使黑心 탐ᄒᆞ다 ○홉독라뮈

智略 ㅣㅣ ○보돌가

怯氣 겁 ○오라해

嫌疑 ㅣㅣ ○타가부리

奢侈 ㅣㅣᄒᆞ다 ○부릴거뮈

疑惑 의심ᄒᆞ다 ○서직러뮈

剽悍 모디다 ○거덜

愚蠢 미혹ᄒᆞ다 ○터녁

昏迷 어득ᄒᆞ다 ○ 얼기ᅮ

使心 淫음난ᄒᆞ다 ○ 우진랴뮈

姦猾 간사 ○ 쥬ᅌ술

手濶 손크다 ○ 갈 수라

手窄 손젹다 ○ 갈 나린

言語

話 말ᄉᆞᆷ ○ 우거

說話 말ᄒᆞ다 ○ 커렬ᅌ쳐뮈

說了 니ᄅᆞ다 ○ 워구러뮈

聲響 通稱 소리 ○ 다군

語音 어훈 ○ 우건 ᅮ아얄ᅌ구

說漢話 漢語ᄒᆞ다 ○ 키타달 커렬ᅌ쳐뮈

說蒙古話 蒙語ᄒᆞ다 ○ 몽골 커렬ᅌ쳐뮈

說滿洲話 清語ᄒᆞ다 ○ 만쥬왈 커렬ᅌ쳐뮈

通番話 통ᄉᆞ노롯ᄒᆞ다 ○ 커러물치러뮈

俗話 쇽담 ○ 얼턴니 우거

謡言 동요 ○ 초 우거

古話 니야기 ○ 우리걸 一云토리

提起 ㅣㅣᄒᆞ다 ○두랃바

醒提 일씨오다 ○사나구루뮈

論難 ㅣㅣᄒᆞ다 ○슈굼지러뮈

商量 의논 ○호비

商量了 의논ᄒᆞ다 ○쟙럅。두뮈

會議 ㅣㅣᄒᆞ다 ○호비 네러뮈

吩咐 ㅣㅣᄒᆞ다 ○쟈캬라뮈

口傳信 전갈ᄒᆞ다 ○아마발 쟈킈뮈

囑咐 당부ᄒᆞ다 ○답타뮈 又 쇠니기다

定約 언약 ○볼。죠가

期約 ㅣㅣᄒᆞ다 ○볼。죠뮈

許他 허락ᄒᆞ다 ○아마 가루뮈

稱贊 기리다 ○막타뮈

鸚鵡嘴 구변잇ᄂᆞ니 ○아마태

悄悄說 ᄀᆞ만이 말ᄒᆞ다 ○서머걸 커럴。쳐뮈

自言自語 홈자ᄉᆞ 말ᄒᆞ다 ○보도목랴뮈

耳邊低說 슈군다히다 ○시버녀뮈

舌頭短 혀져르다 ○탈。탈。킈뮈

結吧的 더두어리 ○어거러머

話窮 말막히다 ○우거 모호뮈

話打嚶 말더두어리다 ○우거 터거더뮈

默口 좀좀ᄒᆞ다 ○돕 도피

問着 묻다 ○아사구뮈

再問 다시묻다 ○랍라뮈

好麼 평안ᄒᆞ냐 ○샌ᅮ

有麼 잇ᄂᆞ냐 ○배나고

有啊 잇다 ○아뮈

沒了麼 업ᄂᆞ냐 ○우게ᅮ

沒有 업다 ○우게

悄悄的 ᄀᆞ만이 ○서머걸

荅應 ᄃᆡ답ᄒᆞ다 ○워치뮈

是啊 올타 ○문

吗了 부르다 ○다구다뮈 又臚唱ᄒᆞ다

吗名子 일홈부르다 ○너러러뮈

厭聽 듯기슬타 ○양샤

笑了 웃다 ○이뎌뮈

笑話 비웃다 ○어럭러뮈

冷笑 ｜｜ᄒᆞ다 ○퀴던 ｜열 이뎌뮈

顚倒笑 ᄀᆞᆫᄀᆞᆫ웃다 ○타챠다라 이뎌무

喧嚷 喧嘩ᄒᆞ다 ○숄ᄏᆡ라뮈

飾言 말ᄉᆞ미다 ○우거 치머뮈

食言 ㅣㅣᄒᆞ다 ○우거 니츄뮈

張口 입버리다 ○앙개쥬

閉口 입다므다 ○지미뮈

離間 ㅣㅣᄒᆞ다 ○쟈살라구루뮈 又 반간ᄒᆞ다

誹訕 毁謗ᄒᆞ다 ○마군하뮈

誣害 ㅣㅣᄒᆞ다 ○굴거뮈

諂佞 아당 ○빌ᄋᆞ닷친

行諂佞 아당ᄒᆞ다 ○빌ᄋᆞ닷치라뮈

讒 참소 ○홉시

行讒 참소ᄒᆞ다 ○홉라뮈

被讒 참소닙다 ○홉라구루뮈

回話 회보ᄒᆞ다 ○우거 어거구루뮈

詿聾 聽而不聞 ○두렐거뮈

動靜

坐着 안즈라 ○사구

坐 안싸 ○사구뮈

教坐 안치다 ○사굴ᄋᆞ가뮈 又 시무다

打跏趺坐 여러히 안싸 ○사구자가뮈

動靜

跐 着쥿그려 坐안ᄉ다 ○야분 사구뮈

站着 셔다 ○쭉소뮈 又머무다

進 나ᄋ오다 ○답시뮈

步 거름 ○알。훔

行走 힝ᄒ다 ○야부뮈

走行 ᄃ니다 ○졸치뮈

遠行 먼길 가다 ○호라치란 야부뮈

遶 遶에워 走가다 ○무。뤼뮈

落後 뒤써지다 ○호초로뮝 又後世엘리오라

顚倒 업더디다 ○투루구러

起罷 셔라 ○쭉소 옷云

蹰躇 머무ᄉ거리다 ○쭉소갈。쟈뮈

退 므르다 ○어거뮈

步走 거름것다 ○알。후뮈

步 行거러 走가다 ○야바가라뮈

跪了 ᄭ다 ○유뮈

抄 路즈름길 走로가다 ○두투러뮈

白走 부절업시 ᄃ니다 ○커루뮈

倒了 것구러지다 ○니거무순 우나바

仰倒 졋바디다 ○거덜권

跁走 긔다 ○물。쿠뮈

被躧 ᄇᆞᆲ피다 ○기ᅀᅵ킥더뮈

越過 님다 ○다바뮈

下來 ᄂᆞ리다 ○우루구다뮈 一云바구뮈

去罷 가라 ○어치 一云옴

出去 나가다 ○가루뮈

過去 지나다 ○웡거러뮈

順便 인편 ○일。달

來罷 오라 ○이러

進來 드러오다 ○오로뮈

躧着 ᄇᆞᆲ다 ○기ᅀᅵ키뒤 又ᄂᆞᆯ즘싱흘[illegible]

跳過 ᄯᅱ다 ○하래무

登上 오로다 ○워거더러뮈 一云아바리뮈

等着 기ᄃᆞ리다 ○구려무

走了 가다 ○어치뮈 一云오루뮈

起身 길ᄯᅥ나다 ○몰다뮈

經過 들니다 ○다가리뮈

來迴 往返ᄒᆞ다 ○회시 우。룩시 야부뮈

來了 오다 ○이러뮈

約會 마초고못다 ○춘라라뮈

會了 못다 ○후라뮈

靠着 지허다 ○투시뮈 又依止ᄒᆞ다

歪靠 시즈리다 ○하지구라뮈

歇歇 쉬다 ○석기뮈

疺了 ᄀᆞᆺ부다 ○알ᄋᆞ쟈ᇫ뮈

困 疺곤ᄒᆞ다 ○츄챠뮈

臥着 눕다 ○컵터뮈

側臥 녑흐로눕다 ○하쟌 벌 컵터지

臥 轉身 누어몸두로혀다 ○쿨부뮈

睡頭 졈 ○뇔

打盹 조올이다 ○울거러뮈

點頭 마리그덕이다 ○톨로개 거길져뮈

低頭 마리수기다 ○톨로개 다루뮈

閉眼 눈ᄀᆞᆷ다 ○아니뮈

睡覺 자다 ○운타뮈

夢 ᄭᅮᆷ ○져구둔

做夢 ᄭᅮᆷᄭᅮ다 ○져구두러뮈

說夢話 ᄭᅮᆷ졈ᄭᅭ대ᄒᆞ다 ○뇔목라뮈

夢魘 [illegible]ᄒᆞ다 ○하라 다루뮈

醒了 ᄭᆡ다 ○서리뮈

看見 보다 ○우져위 一云실러위

偷看 여어보다 ○후라구지 우져위

撥眼 눈금젹이다 ○일머위

仔細看 ᄌ셔히보다 ○신지러위

仰看 우러러보다 ○바랄。하위

回看 도라보다 ○회시 우져위

眼生花 눈ᄇᆞ의다 ○질거루위

耳聦 귀ᄇᆞᆰ다 ○치키[illegible]소놀

打聽 듯보다 ○수락라위

搖動 흔드다 ○쿤더위

眼裏瞧 눈에뵈다 ○우젹더위

睜眼 눈부릅뜨다 ○니두 불。더걸 너거무

定睛看 믈그름보다 ○하닥사갈 우져위

瞭望 ᄇᆞ라보다 ○하라위

瞅看 흘긔여보다 ○키로무

經過目 눈지내다 ○니두러위

聽見 듯다 ○소노수위

風聞 ㅣㅣ으로듯다 ○수락란 소닷바

動了 움즉이다 ○쿠더루위

旋轉 두로다 ○얼기위

展轉 구우다 ○원쿠리뮈

彎轉 휘듯다 ○구버루뮈

拿了 通稱잡다 ○바리뮈

被拿住 通稱잡히이다 ○노쏘다뮈

推了 밀치다 ○툴。키뮈

轉向 두루혀다 ○터꺼러뮈

撫摩 어르문지다 ○이리뮈

揉摩 通稱부븨다 ○누。후뮈

拿弄 쥐무로다 ○바리라뮈

兩手搓 우희다 ○비터구러뮈

抱了 안다 ○터버리뮈

撒一撒 헤치다 ○사츄뮈

撇了 풀매ᄒᆞ다 ○타약다뮈

甩了 더지다 ○울키뮈

拋了 ᄇᆞ리다 ○거거뮈

丢了 일허ᄇᆞ리다 ○거걱더뮈

拾起 집다 ○투후거루뮈

得了 얻다 ○오로뮈

受罷 바ᄃᆞ라 ○압

給我 다고 ○아차 一云나둘 워ᄀ

給他 주다 ○꺼구뭐

進呈 드리다 ○다갈。가뭐

受了 밧다 ○다가간 압츄 云쿠란 압츄

拿着 가지다 ○아부뭐

拿來 가져오라 ○쿨거쥬 이러 云압츄 이러

取來 가져오다 ○압츄 이러뭐

取去 가질라가다 ○아부라 오두뭐

拿去 가져가다 ○가바뭐

送去 보내다 ○이러거뭐

送東西 物件보내다 ○쿨거뭐

去便 가는결 ○어치쿠 일달。

送了來 보내여오다 ○쿨거쥬 이러뭐

收了 通稱거두다 ○후랴뭐

輳輳 모도다 ○후라가뭐 又모히다

收藏 간직ᄒᆞ다 ○하다가라뭐

藏着 감초다 ○니구。뭐 又숨다

逢着 만나다 ○우챠라뭐

相撞 서로마조치다 ○할고챠뭐

會見 만나보다 ○쬐。가뭐

遲緩 ᄒᆞ다 ㅣㅣ ○알。굴라뭐

從容 ㅣㅣ ○알굴 아가짐

慢慢的 천천이 ○알굴

遲了 더듸다 ○우다뮈 又 오래다

搬移 옴다 ○뎝시뮈

搬移了 옴기다 ○뎝시구루뮈

留宿 ㅣㅣᄒᆞ다 ○원지뮈

住下 하쳐ᄒᆞ다 ○바구다라뮈

離了 ᄯᅥ나다 ○앙기지라뮈

離別 ㅣㅣᄒᆞ다 ○하가챠뮈

流離 ㅣㅣᄒᆞ다 ○뇌뮈

回避 피ᄒᆞ다 ○쟤라뮈

趕出去 쫏다 ○쿠거거뮈

擡起 드다 ○얼구뮈 又 飮食드리다 又 일ᄏᆞᆺ다

担着 메다 ○무루러두뮈

背着 지다 ○어굴치

懷揣 품다 ○어불러뮈

頂戴 이다 ○시루뮈

挾着 시다 ○합치뮈

攔住 마ᄅᆞ막다 ○토노뮈

教留 머무로다 ○아후구루뮈

接住 부티다 ○할。가위

揷上 씃다 ○투、루위

抽了 通稱쌔히다 ○타타위

傾倒 구러지다 ○우나위。又 섀러지다

撑着 괴오다 ○투。루위

支着 밧치다 ○토소위 又 길줄러막다

人事

尊敬 공경ᄒᆞ다 ○키칭귀러위

敬長 어룬공경ᄒᆞ다 ○아핫치라위

服事 셤기다 ○위러루위

竭盡 극진이ᄒᆞ다 ○귀졀거위

寵ㅣ ○이닉

友愛 ㅣㅣᄒᆞ다 ○어리거석

親愛 ㅣㅣᄒᆞ다 ○아마락라위

眷戀 ㅣㅣᄒᆞ다 ○어러머춰위

撫恤 ㅣㅣᄒᆞ다 ○일。비위

體諒 쳡어식각ᄒᆞ다 ○아부라위

惻隱 ㅣㅣᄒᆞ다 ○어듸리위

可憐 ㅣㅣᄒᆞ다 ○쿠거루퀴

敬人 ᄃᆡ졉ᄒᆞ다 ○쿤두러뮈

感激 ㅣㅣᄒᆞ다 ○시툰 사나뮈

諫 ㅣᄒᆞ다 ○호리뮈 又 말류ᄒᆞ다

容他 용납ᄒᆞ다 ○바타뮈

謙讓 ㅣㅣᄒᆞ다 ○뷜 탈。비뮈

體面 ㅣㅣ ○니굴태

節用 ㅣㅣᄒᆞ다 ○컴너뮈 又 尺量ᄒᆞ다

小心 조심ᄒᆞ다 ○볼。곰지라뮈

逆 거스리다 ○수루뮈

誇張 자랑ᄒᆞ다 ○발담라뮈

恭順 ㅣㅣᄒᆞ다 ○비시러뮈

報恩 은혜갑다 ○아치라뮈

慰勞 ㅣㅣᄒᆞ다 ○토효로구루뮈

讓他 ᄉᆞ양ᄒᆞ다 ○탈。비쥬 웍구뮈

守分 분직희다 ○컵 ㅣ 사ᄏᆡ뮈

軆面吊 톄면업다 ○니굴。 우게

用力 힘ᄡᅳ다 ○쿠츄러뮈

綴辭 거스다 ○말무뮈

擅斷 ㅣㅣᄒᆞ다 ○어졀거뮈

霸佔 억지내다 ○어져러무

放肆 방ᄌᆞᄒᆞ다 ○회홀。쟈뮈

推托 ㅣㅣᄒᆞ다 ○실。타뮈

錯了 그릇ᄒᆞ다 ○타샤ᅀ사라뮈

後悔 뉘웃ᄎᆞ다 ○검시뮈

警戒 ㅣㅣ ○쳐거렬。

嚇他 저ᄒᆞ다 ○〔云〕ᄏ햐뮈 앨。가뮈

小看 업슈이너기다 ○도로샤ᅀ뮈

費了 허비ᄒᆞ다 ○쉰커뮈

哄誘 ᄭᅬ오다 ○알가다뮈

走風 漏泄ᄒᆞ다 ○쟈다라뮈

勒措 보채다 ○하시라구루뮈

推他 남의게미다 ○퉅。키러뮈

習染 므드다 ○할。타부리랴뮈

懲戒 ㅣㅣᄒᆞ다 ○챵。하뮈

檢舉 ㅣㅣᄒᆞ다 ○쟈키루뮈

逼迫 ㅣㅣᄒᆞ다 ○어련러뮈

費 허비 ○쉰걸。

推惡 그른일남의게미다 ○굴러뮈

遺漏 ᄲᅡ지오다 ○타술。다뮈

謊 거즛 ○후달。

哄他 속이다 ○하구루위 一云머커러위　瞞他 긔이다 ○달다라위

改嘴 변ᄉᆞᄒᆞ다 ○멀지위　孤負 져ᄇᆞ리다 ○워러거루위

違約 어긔치다 ○쥐리위　反目 눈맛지아니타 ○마구투위

過失 허믈 ○언더덜　恠他 허믈ᄒᆞ다 ○아굴라위

憚 써리다 ○어며위　可厭 通稱슬희여ᄒᆞ다 ○지버굴거위

指望 ᄇᆞ라다 ○어러위　肯 즐기다 ○두라라위

嗜好 됴화ᄒᆞ다 ○바하태　看顧 보ᇝ피다 ○하라갈쟈위 又돌보라

宮室

內裏 대궐 ○올도 又宮　殿ㅣ ○할시

寶座 어탑 ○사구린 又位　樓子 누각 ○아살

翼廊 힝각 ○쥐리구 연걸　臺｜ ○호퉁

殿庭｜｜ ○샤라　堦 심 ○연덜

層階｜｜ ○다바구리　堦級 섬층 ○덥ㅿ

正門｜｜ ○툽ㄷ 하갈ㅇ가　挾門｜｜ ○지굴ㄷ 하갈ㅇ가

房子 집 ○걸　作房子 집짓다 ○걸 키뮈

閤家 왼집 ○쿱친 걸　正房 몸채 ○툽ㄷ 걸

廂房 좌우듕집 ○쿤더런 걸　廚房 부억 ○부다가 연걸

庫房｜｜ ○볼로 걸　中堂｜｜ ○골ㅇ 걸

廊 퇴 ○답훌 사란치　草房 草堂 ○어버순 下걸 一云 쿨머리 걸

客位 샤랑 ○죠친 우뎌쿠 걸　茅房 측ㅅ간 ○가다나 어치쿠 걸

馬房 마구 ○쥬치여

棚子 가가 ○펑

草棚 헛간 ○쉬루 又 포도ㅈ

過樑 들ㅅ보 ○태부ㅜ

脊樑 ᄆᆞᄅᆞ ○니루구。

上樑 ᄆᆞᄅᆞ 언ᄶᅡ다 ○니루구 얼구뮈

隨樑 도리 ○하빌가 니루구。

停柱 기동 ○바가나

柱頂石 쥬츄ㅅ돌 ○우라 연 치라군

椽 셧가래 ○우니 又 지룡이

葦箔 셔슬 ○아달

滴水簷 쳠하 ○사랍치

門 ㅣ ○하갈。가

笆籬門 柴門 ○왈 하갈。가

門限 문ㅅ지방 ○보쇼가

門斗 지도리 ○더거두 울길。가

門扇 문짝 ○하갈。간 ㅜ 워루거순

門樑 문빗장 ○약시굴

撒門 빗장질으다 ○쿠시굴러뮈

開了 여다 ○너거뮈

大開 훤이여다 ○샤래타라 너거버

關上 닫다 ○부터거뮈 又덥다

關閉 다다거다 ○하가뮈

封了 通稱封ᄒᆞ다 ○비터굼지러뮈

窓ㅣ ○촹호

窓臺 창ㅅ뎐 ○촹흔ㄒ 일먹

支窓 창버티오다 ○촹호 열구뮈

放窓 창지오다 ○촹호 랄ㅇ비뮈

戶 지게 ○어구더 又房門

門 鸛嘴 비목 ○침기굴 터물

釘錦 걸새 ○돔치로ㄹ 터물

欄干 ㅣ ○커러ᄭ커

底 板塘 마루 ○타투

炕 구돌 ○한介

一間 ᄒᆞᆫ간 ○너거 갼

竈口 솟아귀 ○조하 又높자리

烟洞 굴ᄯᅩᆨ ○후량

地窨 움 ○누컨 걸

尾窒 벽굼ᄂᆞᆫ굴 ○요

藩籬 울섭 ○하시야

籬笆 바ᄌᆞ ○시버거

壁 ᄇᆞᄅᆞᆷㅅ벽 ○투굴가

板壁 판쟝 ○달。답치

房山墻 화방 ○하야가

簇子 ㅣㅣ ○춍호 할。합치

庭子 ᄯᅳᆯ ○바구리

院子 터 ○호로가

墻 담 ○커럼

箅墻 담ᄊᆞ다 ○커럼 쵹챤라뮈

墻水眼 슈채구무 ○쥬박

磚頭 벽쟝 ○토곳하

瓦頭 지새 ○와라

盖尾 지새니다 ○와란라뮈

石灰 회 ○슈。휘

塗稍 ᄇᆡᄅᆞ다 ○훌。다뮈

表稍 빅졉ᄒᆞ다 ○챠북ᆫ라뮈

官職

天子 ㅣㅣ ○텅거리 연 쿠번

皇帝 ㅣㅣ ○황디

皇后 ㅣㅣ ○황후△　　皇太子 ㅣㅣㅣ ○황 태즈△

王 ㅣ ○왕　　王妃 ㅣㅣ ○왕 폐△

世子 ㅣㅣ ○시즈△　　主子 님금 ○어젼又님자

卽位ᄒᆞ다 ㅣㅣ ○사구린두 샥바　　夫人 ㅣㅣ ○하듄

寡人 ㅣㅣ ○머굿 큔　　貝勒 ㅣㅣ ○베러

貝子 ㅣㅣ ○베스　　宗室 ㅣㅣ ○우룻ᄃᆞ 욱사가

覺羅 되진ᄒᆞᆫ 종실 ○교로　　額駙 駙馬 ○우룻ᄃᆞ 타부낭

公主 ㅣㅣ ○우룻ᄃᆞ 궁쥬　　朝廷 ㅣㅣ ○하간 베스

諸侯 ㅣㅣ ○모지 연 베스　　臣 신하 ○샌ᄋᆞ又大人

大人們 들 ㅣㅣ ○샌 ᄃᆞᆫ　　丞相 ㅣㅣ ○칭향

閣老 ── ○거랸

大臣 ── ○터리구럭선 샌

內大臣 ── ○도토가 두 샌

世臣 ── ○숄。불。진투 샌

宰相 ── ○재샹

尙書 判書 ○다가각산 샌

侍郞 叅判 ○지굴 ㄸ 샌

官員 ── ○투시멀。 云투시멀。 투시야

使臣 ── ○열。치

老爺 ── ○노얀

冬 大冬至季使 ○이처 우라릴。ㄸ 촌한

謝恩使 ── ○커식 툴 물구쿠 초한

文官 ── ○비칙 ㄸ 투시멀。

武官 ── ○처릭 ㄸ 투시멀。

功臣 ── ○궁 투 샌

元帥 ── ○완쇄

將軍 ── ○쟝쥰

侍衛 宣傳官 ○캬

提督 ── ○티두

撥什庫 領將 ○쿠커치

章京 哨官 ○쟝기

軍官 ―― ○다갈。타

鄕導 길ᄆᆞᄅᆞ치ᄂᆞᆫ관원 ○가쟐치

御使 ―― ○배챠가후 샘

布政司 監司 ○부졍스 샌

知縣 원 ○지햔

城守尉 城將 ○호탄 ᅮ다루가

通事 ―― ○커러물치

外郎 書吏 ○왜란

筆帖式 ―― ○비ᄎᆞ거치

序班 ―― ○쉬반

前程 벼슬 ○컬검

封爵 벼슬봉ᄒᆞ다 ○열굼지러무

品級 품 ○졀거

副 버금 ○더ᅀᆞ

正一品 ―― ○쵸홈 터리군 졀거

從一品 ―― ○더ᅀᆞ 터리군 졀거

誥命 가조 ○열굼지럴。

俸祿 녹 ○풍루

錢粮 뇨 ○챠랑

職任 소임 ○야무

告暇 말믜 ○치루거 ○又겨를 又開暇

給暇 ᄒᆞ다｜｜ ○치루거 워구위

遞任 通稱 마다 ○하라위

遷轉 ᄒᆞ다｜｜ ○우라리위

寀闕 ｜｜ ○오로

玉璽 ｜｜ ○얼더니 又보비

印 ｜ ○타마가

押印 인치다 ○타마가 다루위

兵符 ｜｜ ○하갓 모로

標 ｜ ○텀덕 又보람

標信 ｜｜ ○바투 텀덕

節鉞 ｜｜ ○졔ᄉ 웨

旌表 旌門ᄒᆞ다 ○텀덕러위

除 做官이다 벼슬ᄒᆞ ○투시멀。탈。비위

做官 벼슬ᄒᆞ다 ○투시멀。사구위

首擬 首望ᄒᆞ다 ○투해라위

副擬 副望ᄒᆞ다 ○다싀라구루위

引見 ｜｜ᄒᆞ다 ○버여 우져구루위

替監 딕감ᄒᆞ다 ○하먀가위

罰俸 쥬봉ᄒᆞ다 ○ 풍루 엇커뮈

革職 ᄒᆞ다ㅣㅣ ○ 컬검 업더뮈

敍用 ᄒᆞ다ㅣㅣ ○ 쟈산 커럭러뮈

等第 ㅣㅣ ○ 졀거 덩

官府

衙門 마을 ○ 야문

內閣 ㅣㅣ ○ 도로가 두 야문

議政府 ㅣㅣ ○ 호비 연샌 ㄷ 야문

吏部 吏曹 ○ 투시멀。ㄷ 야부달。ㄷ 야문

戶部 戶曹 ○ 어루거 야부달。ㄷ 야문

禮部 禮曹 ○ 요주랄。ㄷ 야부달。ㄷ 야문

兵部 兵曹 ○ 치릭 ㄷ 야부달。ㄷ 야문

刑部 刑曹 ○ 시구쿠 야부달。ㄷ 야문

工部 工曹 ○ 위런쿠 야부달。ㄷ 야문

都察院 司憲府 ○ 부구더 기배챠가후 야문

國子監 成均館 ○ 궈 즈 갼 야문

欽天監 觀象監 ○ 덩뀌리 기수술루 야문

鴻臚寺 通禮院 ○ 홍루스 야문

太醫院 內醫院 ○ 태 이 왼 야문

光祿寺 ─ ─ ○ 광 루 스 야문

上駟院 司僕寺 ○ 더거두 아두구 야문

官 구의 ○ 알바

府 ─ ○ 지룸

廳事 대텽 ○ 팅 야문

正路 ─ ─ ○ 샤라닥산 쟘

城郭

國 나라 ○ 울ᄉ

宗廟 ─ ─ ○ 어부겁ᄑ 수머

社稷 ─ ─ ○ 셔지

城子 셩 ○ 호타 一云 발가순

甕城 ─ ─ ○ 츄출 츙 又 브로ᇫ다

都城 ─ ─ ○ 녯헐

京城 셔울 ○ 깅 발가순

城垜 셩각 子괴 ○ 해상

關 ─ ○ 보곰타

城濠 히ᄌ ○ 고

墩臺 연디 ○ 우타가 투 호통

烽火 ─ ─ ○ 텀덕 우타가

關廂 셩문밧좌우관 ○더굴거

教場 습진터 ○타랸불

隘口 막힌어귀 ○합칠。

省 ㅣ ○모지

縣 고올 ○햔

館驛 역 ○우란가

邊方 ㅣㅣ ○챠간 거럼

境界 디경 ○키쟈갈

界關 경계뎡흔목쳑 ○우타순 거럼

倉 ㅣ ○상

庫 ㅣ ○쿠。

部落 ㅣㅣ ○애막

隣 이오지 ○얄。

故鄕 ㅣㅣ ○누투。

鄕村 싀골 ○가챠가 又村

里 ᄆᆞ올 ○퀴

路 길 ○쟘

程 一日程之程 ○배

無程 비참ᄒᆞ예가다 ○배 아븐 야부뮈

旱路 뉵노 ○하구래 잠

水路 ㅣㅣ ○우수 쟘

岔路 길가름 ○살부리

抄路 길즈름 ○두터 쟘

彎路 길에음 ○무리 가쟐

路隅 길모롱이 ○쟘 ㄷ 토고리가

沿路 ㅣㅣ ○곧듯

街上 져지ㅅ거리 ○져거리

土老兒 地見 장승 ○오론 가잘ㄷ 외라굴

衚衕 골 ○나린 져거리

死衚衕 막힌골 ○비터구 져거리

宿站 잘참 ○호녹 又참

打店 地方 낫참 ○우더럴 ㄷ 가잘

中火 ㅣㅣ ᄒᆞ다 ○우더러위

遠 머다 ○호라

遠方 먼곳 ○호라키

近 갓갑다 ○외라

近方 갓가온곳 ○외라키

牌樓 ㅣㅣ ○패루

架欄 니문 ○하골

橋 ᄃᆞ리 ○쿠굴거

搭橋 두리 놋타리 ○쿠굴거 담나뮈

獨木橋 외나모 두리 ○두귀

跳過橋 징검 두리 ○기시키쟈

吊橋 쓰는 두리 ○머러게 하갈。가 쿠굴거

架子栅門 ○갸 스 하갈。가

鳳凰城 ㅣㅣ ○풍황청 호타

奉天府 瀋陽 ○묵텬

山海關 ㅣㅣ ○샤나해

順天府 北京 ○버깅 발갸순

應天府 南京 ○난징

中原 ㅣㅣ ○쥬원

蒙古地方 ㅣㅣ ○몽골。타라

文學

文書 글 ○비칙

史冊 史記 ○수둘。

四書 ㅣㅣ ○스 슈 비칙

五經 ㅣㅣ ○타분 놈

詩 ㅣ ○시룩렬。

賦 ㅣ ○바닥

曆書 칙ㅣ ○우리랄。ㄸ마갈 투뷰 咨文ㅣㅣ ○야부굴후 비칙、

公文ㅣㅣ ○호골둔두 야부굴후 비칙、 題目 글톄 ○서둡

目錄ㅣㅣ ○후량귀 云톰처야、 序ㅣ ○오로실。

榜ㅣ ○퉁갸、 小說ㅣㅣ ○우리걸 비칙、

謄錄 칙ㅣㅣ ○당사 畫 그림 ○지록。

畫畫 그리다 ○지루뮈 書信 편지 ○쟈캬

寄信 편지ᄒᆞ다 ○쟈키뮈 師傅 스승 ○박시

徒弟 톄ᄌᆞ ○샤비 工夫ㅣㅣ ○키쳐걸。

學業ㅣㅣ ○수룰。가 學了 비호다 ○수。루뮈

文章ㅣㅣ ○운하 우양가 吟咏 읇쥬어리다 ○시록러뤼

作文章 글짓다 ○ 비칙、 죠캬뮈

教他 ᄀᆞᄅᆞ치다 ○ 술가뮈

效法 본밧다 ○ 다구라뮈 一云 물더뮈

講書 글강ᄒᆞ다 ○ 비칙、 탈。부리라뮈

溫習 글닉이다 ○ 비칙、 볼。바수라구루뮈

通 통ᄒᆞ다 ○ 넙더러뮈 又 ᄉᆞ못다

字 글ᄌᆞ ○ 우、쥭

畫ㅣ ○ 쥬。루

點ㅣ ○ 두。술。

圈 동고림 ○ 빈두

飜譯 ᄒᆞ다ㅣㅣ ○ 올치구루뮈

勸勉 권장ᄒᆞ다 ○ 쿠키구루뮈

讀書 글닑다 ○ 비칙、 다구다뮈 一云 비칙、 웅。시뮈

背念 글외오다 ○ 비칙、 쳐거지러뮈

勤謹 부즈런이ᄒᆞ다 ○ 키쳐거뮈

傳ㅣ ᄒᆞ다 ○ 우람라뮈

註ㅣ ○ 나린 우、쥭

打畫 획긋다 ○ 쥬。루뮈

打點 뎜티다 ○ 두。술。 다루뮈

寫字 글쓰다 ○ 비치뮈

抄寫 글벗기다 ○비칙、바굴。가뮈

正字 정조寫쓰다 ○키쳥귀런 비치뮈

草字 초로寫쓰다 ○킬건。비치뮈

改正 通稱고치다 ○쟈사뮈 又다스리다

塗抹 흐리오다 ○바라루뮈

草藁 글초 ○어커

打草 글초잡다 ○어저러뮈

紙 죠희 ○챠가수

一打紙 죠희 훈권 ○챠가수 니거 톱非

筆 붓 ○빌

餂筆 붓에먹무치다 ○빌 이더구루뮈

墨 먹 ○버커

磨墨 먹ᄀ다 ○버커 쥬구라뮈

㭒墨 먹칠ᄒ다 ○버커더뮈

墨蔭 유묵了지다 ○버커 웅구두뮈

硯 벼로 ○쥬루굴。

本子 칙 ○더브털 又卷

一編 훈편 ○니거 부륵

一張 훈장 ○니거 하구다수

一部 훈질 ○니거 이지 云니거 터굿

書套 칙갑 ○비칙、또 둑。퉈

試驗ᄒᆞ다 ㅣㅣ ○뎡서뮈

試科 科擧뵈다 ○뮈쳐뮈 又褒貶ᄒᆞ다

詔書 ㅣㅣ ○죠 비칙、

下旨 旨意ᄂᆞ리오다 ○잘릭 바굴。가뮈

上表 표올리다 ○보볼。비칙、애랄하뮈

奏聞ᄒᆞ다 ㅣㅣ ○더거러 소뜻하뮈

記着 긔록ᄒᆞ다 ○외라뮈 [云텀덕러뮈]

報單 ㅣㅣ ○머더굴。쿠 비칙、

名帖 명함 ○배례 비칙、

選了 通稱 샌다 ○송됴뮈

科擧 ㅣㅣ ○뮈쳐 又褒貶

薦擧ᄒᆞ다 ㅣㅣ ○다가구루뮈 又항복박나

旨意 ㅣㅣ ○잘릭

勑書 ㅣㅣ ○직구。후

啓奏ᄒᆞ다 ㅣㅣ ○더거러 애랄하뮈

御覽ᄒᆞ다 ㅣㅣ ○더거러 우져구루뮈

告示 방 ㅣㅣ ○갓스 비칙

申報 보장ᄒᆞ다 ○머더구루뮈 [云커러러 이러거뮈]

分別ᄒᆞ다 ㅣㅣ ○일。가뮈 又골히다

武備

軍中 ! ○댄

軍法 ㅣㅣ ○치릭 ㄷ 챠가쟈

計策 모칙 ○알가 오쐬

發令 호령ᄒᆞ다 ○챠가지라 뮈

前鋒 先鋒 ○갑시개

護軍 內禁軍 ○지랕

兵丁 군ᄉᆞ ○치릭 치릭

馬兵 ㅣㅣ ○모리투 치릭

步兵 ㅣㅣ ○야바간 치릭

精兵 ㅣㅣ ○시릭선 치릭

伏兵 ㅣㅣ ○부국선 치릭

戍兵 슈사리 군ᄉᆞ ○다룽귀 치릭

援兵 구완병 ○워머 치릭

一枝兵 ㅣㅣ ○니거 사랴간ᄀ 치릭

炮手 ㅣㅣ ○보연 치릭

探知軍 ㅣㅣ ○하라굴。

漢軍 ㅣㅣ ○쿤두 치릭

滿軍 清軍 ○다가각산 치릭

巡檢人 清 ｜｜｜ ○하라굴호 쿠문

行伍 ｜｜ ○쟈란 식

精選 달새 다 ｜｜ ○시리위

嚴緊 엄히 ᄒᆞ다 ○칭갈하위

整齊 ᄀᆞ즉이 ᄒᆞ다 ○턱시러위

發兵 군ᄉᆞ발 ᄒᆞ다 ○치릭러위

預備 ｜｜ ᄒᆞ다 ○버러두위

守了 직희다 ○사키위

敎守 직희오다 ○사키구루위

營 ｜ ○쿠려

陣 ｜ ○직사갈 云배리 又儀仗

排陣 진티다 ○직사가위 又버리다

習陣 ｜｜ ᄒᆞ다 ○치굴 가라위 一云치리 볼ᄇᆞ 수라굴루위

埋伏 ｜｜ ᄒᆞ다 ○북구위

敵人 ｜｜ ○대순

征伐 ｜｜ ᄒᆞ다 ○대라위

巡邏 ｜｜ ᄒᆞ다 ○마나위

圍着 에워ᄊᆞ다 ○하위 又막다

吶喊 아오셩 ᄒᆞ다 ○하시키루위

侵擾 참노 ᄒᆞ다 ○속라위

攻戰 싸홈ᄒᆞ다 ○밸。두뮈

拒他 막ᄌᆞ르다 ○설거러무

掩襲 ㅣㅣᄒᆞ다 ○순다라무 又올롱올로

殺他 죽이다 ○아라무

砍了 버히다 ○찹치무 又직다

敗走 패ᄒᆞ여ᄃᆞᆺ다 ○부루구라뮈

勝了 이긔다 ○테루뮈 一云이라구뮈

捉生 싱금ᄒᆞ다 ○커러바리무

擄掠 ㅣㅣᄒᆞ다 ○올。가라무

叛 ㅣᄒᆞ다 ○울바무

敵他 ᄃᆡ적ᄒᆞ다 ○어섭구철。루뮈

追趕 ᄯᆞ로다 ○귀처뮈 一云너커무

擊破 파ᄒᆞ다 ○다루뮈 又겁칙ᄒᆞ다 又應匿ᄒᆞ다

刺了 지르다 ○ㅊ치무

擾亂 ㅣㅣᄒᆞ다 ○불기무

散了 흐터지다 ○살나바

不勝了 못이긔다 ○델。더무

擄來的 사로잡힌이 ○올。쟈

背叛 ㅣㅣᄒᆞ다 ○터설구러무

逃走 도망ᄒᆞ다 ○올고뮈 一云보소뮈

歸順 항복ᄒᆞ다 ○다가뮈 又좃다

受降 항복밧다 ○다가구루뮈 又薦擧ᄒᆞ다

招撫 ㅣㅣᄒᆞ다 ○얼。서뮈

滅啊 멸ᄒᆞ다 ○수누거뮈

夷滅 ㅣㅣᄒᆞ다 ○퀴수 텀러리뮈

亡啊 망ᄒᆞ다 ○무쿠버

恢復 ㅣㅣᄒᆞ다 ○답란 압부뮈

報捷 쳡셔올리다 ○섣쿨。돕롤。가뮈

班師 군ᄉᆞ도로혀다 ○치릭 어거뮈

功ㅣ ○궁

賞了 ㅣᄒᆞ다 ○샹나뮈

軍器

頭盔 투구 ○두구라가

甲 갑옷 ○후약 又甲軍

弓 활 ○누。무

弩弓 손활 ○홀。홉치 누。무

彈子 탄ᄌᆞ 활 ○붐부거 누。무

弓把 활좀 ○누。문ㄱ 바리굴。

弓弰 활고자 ○킈칠

弓墊子 도고리 ○터커

弓弦 시위 ○쿱치

上弓 활짓다 ○누무 쿱치러무

拉弓 활드리다 ○누무 타라무

卸弓 활부리오다 ○쿼루무

左弓 왼활 ○소로개갈

右弓 올흔활 ○이처러걸

箭 살 ○져버

火箭 신긔젼 ○감무 수무

箭桿 살ㅅ대 ○져번ㅜ 어굿걸

箭扣 살오늬 ○져번ㅜ 오늬

襆頭 고도리 ○고도리

扳指子 각지 ○얼커겁치

弓俗叙 활동개 ○호롬샤

兩弓套 활우비 ○우치가

箭俗叙 살동개 ○사가닥

箭把子 관혁 ○배 云부룽

搭箭 살먹이다 ○오늬라무

射箭 쏘다 ○할부무

善射 잘쏘다 ○할부훈ㅣ 키쳐구

遠射 멀니쏘다 ○햄무수뮈

肯中 잘마치다 ○오노뮈

箭筒 ㅣㅣ ○홉도

匕首 ㅣㅣ ○마다가

腰刀 환도 ○일°두

刀背 칼ㅅ등 ○후타간丁뷔리

快利 ᄂᆞᆯ두다 ○일 훌챠

刀刃碎 ᄂᆞᆯ부러지다 ○일 서뎌러뮈

刀刺了 칼로지르다 ○후타가ᄃ라무

騎射 긔추쏘다 ○남나뮈

中啊 맛다 ○노뮈

一中 ㅣㅣ ○니거 수°무

刀子 칼 ○후타가

大刀 언월도 ○담° 일°두

刀刃 칼ᄂᆞᆯ ○일

刀尖 칼긋 ○후타간丁. 우쥬굴

鈍啊 ᄂᆞᆯ무되다 ○일 모호댜

鍚刀 ᄂᆞᆯ세오다 ○하비루뮈

靶子 通稱ᄌᆞ루 ○어시 一云바리굴°

錍磨 닥다 ○쥴구뮈

磨刀 칼ᄀᆞ다 ○바러구더뮈

磨石 ᄀᆞᆯ숫돌 ○비러구

鎗 ㅣ ○지다

鋼釵 삼지창 ○서러

鳥銃 ㅣㅣ ○보

放鳥銃 죠총노타 ○보다뮈

火藥 ㅣㅣ ○다리

鉛丸 텰환 ○수무

火炮 ㅣㅣ ○우걸 포

放炮 ᄒᆞ다 ㅣㅣ ○우걸 포 탈비뮈

火鐮 부쇠 ○커러

火石 부쇠ㅅ돌 ○챠키굴

火絨 부쇠ㅅ깃 ○위라

打火鐮 부쇠치다 ○챠키뮈

木棒 몽동이 ○시담

木捍 도리매 ○비라구

旗 ㅣ ○키ᄏᆞ리

令旗 ㅣㅣ ○딤더 키키리

八旗 ㅣㅣ ○내만 호시구

正黃旗 ㅣㅣㅣ ○ 실루군。 시라

正白旗 ㅣㅣㅣ ○ 실루군。 쟈간

正紅旗 ㅣㅣㅣ ○ 실루군。 우라간

正藍旗 ㅣㅣㅣ ○ 실루군。 쿠커

纛 ㅣ ○ 툭ᅌ

栅木 거머 적 ○ 솔거

海螺 고동 ○ 부려

太平嘯 ㅣㅣㅣ ○ 비럴

囉叭 라발 ○ 짓 부려

帳房 장막 ○ 봊ᇫ 걸

鑲黃旗 ㅣㅣㅣ ○ 쿠버거투 시라

鑲白旗 ㅣㅣㅣ ○ 쿠버거투 쟈간

鑲紅旗 ㅣㅣㅣ ○ 쿠버거투 우라간

鑲藍旗 ㅣㅣㅣ ○ 쿠버거투 쿠커

遮箭牌 방패 ○ 할。하

雲梯 구룸 ᄃᆞ리 ○ 어구런 샤투

吹螺 고동 부다 ○ 부려더무

號頭 쥬라 ○ 몽골。 부려

穹帳房 몽고 장막 ○ 몽골。 걸

弓棚子 방ㅅ장 ○ 쟈마

幔子 장 ○쿨쿠　布棚 凉 차일 ○차찰

支帳房 장막 치다 ○븟ᅀ 걸 바리뮈

政事

政事ㅣㅣ○쟈삭　紀綱ㅣㅣ○컬켜ᅀ 커텨

道ㅣ○요수　道統ㅣㅣ○투루 요수

規矩ㅣㅣ○할ᄅᆞ리　法ㅣ○챠가쟈

令ㅣ○쟐　威 위엄 ○숟

權ㅣ○얼커　嚴 다ㅣ ᄒᆞᆫ ○술테

敎化ㅣㅣ○숟가구리 소올。　恩典 은덕 ○커식

恩惠ㅣㅣ○아치 오손지　風俗ㅣㅣ○컵 할ᄅᆞ리

太平 ㅣㅣ ○엉커

事務 ㅣㅣ ○커럭 쟈락

事情 일 ○커럭

公事 ㅣㅣ ○호골론두 연 커럭

私事 亽亽일 ○위거련 거럭

常事 례亽일 ○컵 연 커럭

密事 비밀ᄒᆞᆫ일 ○나린 커럭

辦事 일촐ᄒᆞ다 ○커럭 신커뮈

本 근본 ○욱

末 긋 ○우쥬굴

治 다亽리다 ○쟈사뮈 又 고치다

亂 어즈럽다 ○사마군

混雜 번집 ○부두련

撒亂 어즈러이구다 ○사마구라뮈

禁了 ㅣᄒᆞᆫ다 ○챠가쟈라뮈

使着 부리다 ○쟈루뮈

布告 반포ᄒᆞᆫ다 ○잘라뮈

參劾 논박ᄒᆞᆫ다 ○부루구샤뮈 △

巡察 ㅣㅣᄒᆞᆫ다 ○챠다뮈

稅 샹고의세 ○개리

賦稅 ㅡㅡ ○알ᄇᆞ 궁ᄇᆡ치굴 一云궁ᄇᆡ치굴

抽稅 부셰밧다 ○굽치굴라뮈

湊歛 출렴ᄒᆞ다 ○터시커뮈

畨 ㅡ ○지샤ᇫ

擺畨 번ᄶᅵ다 ○지샤ᇫ 조챠뮈

上畨 번드다 ○지샤ᇫ 오로뮈

下畨 번나다 ○지샤ᇫ 다갈ᄋ 가뮈

輪畨 번돌리다 ○지샤ᇫ라뮈

闕畨 ᄒᆞ다 ㅡㅡ ○지샤ᇫ 게러뮈 一云지샤ᇫ 알ᄋ후뮈

緣故 ㅡㅡ ○우칠ᄋ

處分 ᄒᆞ다 ㅡㅡ ○야라 키뮈

議處 ᄒᆞ다 ㅡㅡ ○야라 커럴ᄋ 쳐뮈

處置 ᄒᆞ다 ㅡㅡ ○신커쥬 압치뮈

照例 젼례대로 ○요수갈

禮度

禮 ㅡ ○요수랄ᄋ

行禮 례ᄒᆞ다 ○요수라뮈 一云요수치라뮈

拱手 풀장지르다 ○갈 아굴ᄋ 쟈구루뮈

鞠躬 ᄒᆞ다 ㅡㅡ ○버여 부쿠뮈

作揖 읍ᄒᆞ다 ○머퀴ㅅ키뮈

磕頭 절ᄒᆞ다 ○물、구뮈

再拜 ㅣㅣᄒᆞ다 ○다킨 물、구뮈

陪 모시다 ○지굴、투 사구뫄

跪 ᄭᅮ다 ○수、구두뮈

跪坐 ᄭᅮ러안ㅅ다 ○어부득 훔ㅂ뮈

謝恩 ㅣㅣᄒᆞ다 ○커식 툴 물、구뮈

賀喜 하례ᄒᆞ다 ○바얄ᄃᆞ 욮순두 물、구뮈

作謝 샤례ᄒᆞ다 ○탈ᄅᆞ 웜구뮈

祭祀 ㅣㅣ ○탈。가

祭天 하ᄂᆞᆯᄭᅴ 졔ᄒᆞ다 ○타빅。ᄅᆞ뮈 ○云우룩시 웜구뮈

行祭祀 졔ᄒᆞ다 ○태뮈 ○云타키뮈

供獻 졔믈드리다 ○타킥ᄅᆞ뮈

降神 ㅣㅣᄒᆞ다 ○챠츄뮈

祈禱 비다 ○쟐。바리뮈

神享 흠향ᄒᆞ다 ○타닐ᄅᆞ뮈

香 通稱향 ○쿠、지

香爐 ㅣㅣ ○쿠、릿ᄅ

上朝 죠회ᄒᆞ다 ○야무ᄅᆞ뮈

坐堂 좌긔ᄒᆞ다 ○야묜 둘 사구뮈

淨鞭 蹕 ○비락、또타시굴

年貢 歲幣 ○질。또 알。바

禮物 ── ○요수 부 야구마

議婚ᄒᆞ다 ── ○걸게 거런。쳐워

納幣 ── ○바릴。가

婚宴 혼인잔채 ○퇴。

主人 ── ○걸또 어젼

請他 쳥ᄒᆞ다 ○우。리워 一云자라뮈

迎接 맛다 ○욱。루뮈

開宴 잔채ᄒᆞ다 ○후린라뮈

進貢 조공ᄒᆞ다 ○알。바 바리뮈

方物 ── ○가잘 어쳐 갈후 야구마

俯伏ᄒᆞ다 ── ○머키뮈

結親 사돈ᄒᆞ다 ○후다라뮈

婚姻ᄒᆞ다 ── ○우。룩 바리뮈

結 配耦 작짓다 ○홀。보뮈 又 셔미다

客 ── ○조친 一云게친

引導ᄒᆞ다 ── ○우。두리두뮈

宴 잔채 ○후림

餞行 餞送ᄒᆞ다 ○우더뮈 又 祇送ᄒᆞ나

辭了 하직ᄒᆞ다 ○사루후 요수치라뮈

罷 ᄒᆞ다 ○탈하뮈

樂器

樂 풍뉴 ○쿅짐

作樂 풍뉴ᄒᆞ다 ○쿅짐 어긋커뮈

琴 거문고 ○킨

琵琶 ㅣㅣ ○비바

胡琴 히금 ○쿠ᄎᆞ라

箏 징 ○야루가

絃 줄 ○칩하다수

彈了 ᄐᆞ다 ○후굴다뮈

鍾 쇠북 ○즁

鼓 북 ○킹길거

打鼓 북티다 ○킹길거 더러두뮈

石磬 ㅣㅣ ○킹

錚 증 ○하랑가

鐃鈸 바라 ○챵

洞簫 통쇼 ○비시키굴

笛 뎌 ○쿤더런 비시키굴

管 피리 ○관스

吹笛 뎌부다 ○비시키굴더뮈

歌曲兒 노래 ○도

唱歌 노래부르다 ○도라뮈

唱歌詞 가ᄉᆞᄒᆞ다 ○어거지러뮈

曲兒 곡됴 ○아얄ᄀᆞ

絃子 세줄거문고 ○슈ᇰ두ᄅᆞ

彈胡琴 히금켜다 ○키ᄭᆞ리 타타뮈

舞 춤 ○뷔직

打舞 춤추다 ○뷔지러뮈

孕産

喜身 ᄌᆞ식셔다 ○컨컨 복하나뮈

重身 ᄌᆞ식비다 ○버여 질무순 一云 올지

臨月 ᄂᆞᆷ삭 ○우려더루 사라

胎胞 팀 ○이컷

轉胎 ᄌᆞ식비롯다 ○컨컨 두랄바

分娩 ᄌᆞ식낫타 ○컨컨 투루버

保赤子 아희보ᄉᆞᆲ피다 ○엄더러뮈 一云 소비라뮈

親嘴 입마초다 ○아마 오조뮈

拍背 등두ᄃᆞ리다 ○탑시위

嬌愛 경ᄌᆞ밧다 ○탕숙라위

襁褓 아희깃 ○후칠가

化生 通稱삼겨나다 ○아쥬 투루위又사다

長成 通稱ᄌᆞ라다 ○위수위

壽誕 탄일 ○거럴투 어둘

過了月 유월ᄒᆞ다 ○사라 알후바

梳洗

梳洗 ㅣㅣᄒᆞ다 ○너굴 실거위

編髮 마리ᄯᆞᆺ타 ○위수 구루위

背負 업ㅅ다 ○위굴거러위

撒嬌 이릐ᄒᆞ다 ○얼커러위

把 屎矢 똥오좀굿다 ○토조위

養活 기르다 ○터지거위

已成 슉셩ᄒᆞ다 ○쿠무지위

生日 ㅣㅣ ○투룩선 어둘

梳頭髮 마리빗다 ○토로개 삼나위

散頭髮 마리푸다 ○위수 탈비위

綰頭髮 상투ᄶᅩ다 ◯ 샹호라뮈

鬆頭髮 마리 족지다 ◯ 재두뮈

假髮 ᄃᆞ리 ◯ 잘가수

稀梳 어리빗 ◯ 삼

篦子 ᄎᆞᆷ빗 ◯ 슈눌 오조리

剃頭 마리 ᄶᅡᆨ다 ◯ 뒤루뮈 云쥐루뮈

漱口 양치를 ᄒᆞ다 ◯ 아마 재루뮈

刷牙 샤ᄌᆞ ◯ 시두 쟈사굴

洗臉 ᄂᆞᆺ싯다 ◯ 니굴。 우가뮈

膩子 비노 ◯ 열서 불쟈 ㄸ 구。랄

粉 ㅣ ◯ 오

臙脂 ㅣㅣ ◯ 엉거커

粧飾 단장 ◯ 치머

首帕 마리 슈건 ◯ 캅ᄉ

簪子 빈혀 ◯ 합홀

插簪 빈혀 ᄭᅩᆺ다 ◯ 합홀라뮈

鑷子 족집개 ◯ 침키굴

戒指 가락지 ◯ 뷰러젹

耳墜子 귀엿골 ◯ 쉬커

釧子 풀쇠 ◯ 갈 ㄸ 바굽치

耳穵子 귀우개 ○치킨ㄱ우후굴

鏡子 거울 ○토리

照鏡 거울보다 ○토리라뷔

粧飾了ᄒ다 단장 ○치머뷔

文飾 빗나게ᄭᅮ미다 ○양쥬라뷔

絟脚 발동이다 ○쿨。오라다수라뷔

服飾

紗帽 ㅣㅣ ○요수 투 마라가

冠 ㅣ ○마라가 又 마ᄒ래

帽子 갓 ○뷜구

草帽子 초갓 ○치길숀뷜구 又 사갓

頂帽子 감토 ○토비

頂子 딩ᄌ ○오칠

帽纓子 마ᄒ래 상모 ○쟈라가

冠纓 갓쓴 ○사갈룰가

網子 망건 ○왕스

衣服 ㅣㅣ ○훕샤수 후널

衣裳 옷 ○훕샤수

朝服 ㅣㅣ ○요수 투 훕샤수

團領 관듸 ○자하 루 더걸。
補子 흉비 ○푸스

笏 ㅣ ○후반
袍子 웃옷 ○더걸。

褂子 쿠리매 ○쿨머
衫兒 젹삼 ○울。루 참챠

單的 홋 ○당ㅿ
挾的 겹 ○답훌

襖子 돌쎄 ○참챠
綿襖子 핫옷 ○쿠붕 루 훕챠수

皮襖子 갓옷 ○좁챠가
皮袍 둔ᄌᆞ ○다후

毡褂子 담유삼옷 ○커버닉
斗蓬 닐쿠 ○쟝치

雨衣 유삼 ○연단
簑衣 누역 ○뉘물거

衣領 옷깃 ○쟈하
風領 털옷깃 ○호교롭치

大襟 것섭 ○가다가루 엉걸
袖子 ᄉᆞ매 ○한츄

馬蹄袖 ㅣㅣㅣ ○투구래

褶子 주름 ○후냐수

衣面 옷것 ○훕챠순 ㄒ 가달

吊裏 안올리다 ○도롤라위

綿褲 바지 ○쿡투 一云 쿳결

襪子 보션 ○외모슈

裁了 ᄆᆞᄅᆞ다 ○어거위

補綻 깁다 ○뉘쿠위

繡了 슈ᄌᆞ타 ○할감 할후위

新的 새것 ○시너컨

手套 토슈 ○둑。퉈

鑲邊 션두루다 ○쿠부거러위

衣裏 옷안 ○훕챠순 ㄒ 도롤

單褲 고의 ○워무두

裙子 치마 ○홀맵치

裁縫 바ᄂᆞ질 ○오요후 툴고후

縫了 ᄒᆞ다 ○오요위

衲 衲一 누비다 ○하바위

新 새 ○시너

舊 ㅣ ○하구친

舊的 녯것 ○하구치락산

舊了 누러다 ○하구치라뮈

綯縮 구긔다 ○아루리뮈

沾汚了 무더더럽다 ○길루뮈

弊壞 히여지다 ○어러뮈

破透了 뚜러지다 ○츄됴로뮈

裂了 찌여지다 ○학쟈라뮈

懸鶉衣裳 衣裳이 남누ᄒᆞ다 ○더걸。살。바라지

洗洗 씻다 ○우가뮈

擠水 믈ᄶᅡ다 ○우。수 십하루뮈

粉子 무리 ○더더커리 구。리。又풀즈

糨子 풀 ○어거뎡

糨粉 니풀 ○찰달。

漿了 풀 먹이다 ○찰다뮈

疊起 졉다 ○누。구。루뮈

穿上 닙다 ○어무수뮈

㞗穿 섀 닙다 ○답후챠。라뮈

反穿 뒤쳐 닙다 ○가닥시 어무수뮈

冒衣 무룹다 ○눠무루뮈

脫衣裳 옷벗다 ○흡챠수 태。루뮈

敎脫 벗기다 ○탈。나위　裸體 벌거벗다 ○나츄구、러위

衣寬 옷너르다 ○덜。비길　衣窄 옷좁다 ○위탄

帶子 띄 ○부서　繫帶 띄띄다 ○부서러위

褲帶 허리띄 帶子 ○터레　扢搭 믜듭 ○쟝갸수

挽結 믯다 ○쟝갸수라위　纓子 신 ○구루굴。

自抽 窄 주다 ○악뒤위　搏了 주리다 ○사가위

鈕子 단쵸 ○롭치　扣鈕 단쵸세오다 ○롭치라위

數珠 념쥬 ○어리커　面紗 ── ○기비러굴

手巾 ── ○알。촐　汗巾 손슈건 ○항기수

佩帶 츠다 ○져구위　荷包 주먼이 ○합타가

裝囊 주·머니에 녓타 ○ 합타갈라뮈　被兒 니불 ○ 쿤질러

褥子 요 ○ 올북。　坐褥 방석 ○ 더빗컬

枕頭 벼개 ○ 더러　枕着 볘다 ○ 더럴러뮈

鋪着 通稱 ᄭᆞᆯ다 ○ 더비수뮈　盖着 通稱 덥다 ○ 부러거뮈 又 오룬닷다

靴子 훠 ○ 구툴。　皮靴 갓훠 ○ 사린 구툴。

鞋子 신 ○ 샤불　綉鞋 슈신 ○ 합후말。루 샤불

鞋底 신챵 ○ 샤불 ㄷ 울라　兀刺 드로기 ○ 수쿠케 구툴。

穿鞋 신신다 ○ 샤불 어무수뮈　毡子 담 ○ 이서게

凉席 돗 ○ 나린 치킬수　炕席 삿 ○ 치킬수

袍袱 보 ○ 보고달。　包起 ᄡᆞ다 ○ 후미뮈

纏包 ᄆᆞ라ᄡᆞ다 ○보고뮈

飮食

飯 밥 ○부다가

飯生半 밥서다 ○부다가 투구케데

氣到 음식쉬다 ○니실。지

開了 ᄭᅳᆯ타 ○올기루뮈

稠 되다 ○웜권

凝了 어릐다 ○찰챠뮈

結皮 니불지다 ○워루무투뮈

粉湯 슈면 ○얍。칭

蒸飯 찐밥 ○아무수 부다가

悶飯 ᄯᅴ오다 ○붕넉더구루뮈

粥 ｜ ○싱건 부다가

熬了 달히다 ○부챨。가뮈 욧곰다

稀 ᄆᆞᆰ다 ○싱건

鍋巴水 슉닝 ○수무수

哈絡 국슈 ○호로해 부다가

炒麵 미시 ○무。시

餑餑 ᄯᅥᆨ ○보포숙

撒糕 시르ᄯᅥᆨ ○불걸 보포숙

饅頭 상화 ○만타ᅮ

燒餅 지진ᄯᅥᆨ ○쇼빙

油果子 과줄 ○솔ᅌ고 빙

油 기름 ○토소

雞蛋糕 ᄃᆞᆰ의알ᄯᅥᆨ ○원더건 컵

餡子 소 ○이더거

肉 고기 ○미하

前腿 압다리 ○하

後腿 뒷다리 ○구야

蹄子 족 ○시기라

肉塊 고기ㅅ덩이 ○미한 ᄌᆞ 커셔

退毛 튀ᄒᆞ다 ○쥬마라뮈

割開 버이다 ○옥토로뮈

細切 줄게싸ᄒᆞ다 ○키루뮈

劃開 오리다 ○쥴붓라뮈

肉膏 고기기름 ○워거쿠

片 通稱 조각 ○커셔

鱠鮓 通稱 회 ○키마

刮刮 긁다 ○후수뮈
爛煮 녹난ᄒᆞ다 ○울부라타라
炸菜 ᄂᆞ물데치다 ○보로라구루뮈
蒸了 ᄶᅵ다 ○징더뮈
烙爆 通稱 복다 ○하구루뮈 [云하가리뮈
燎了 그슬리다 ○휘하라뮈
烤焦 ᄂᆞᆺ다 ○하사가뮈
煞了 석다 ○호리뮈
和麵 반죽ᄒᆞ다 ○쥬구라뮈
生的 ᄂᆞᆯ것 ○투구케

湯炸 고기데치다 肉 ○불텨칄거뮈
炒 ᄒᆞ다 ○홀가라뮈
油炸 지지다 ○토손 둘 부찰가뮈
煮了 ᄉᆞᆱ다 ○치나뮈
燒了 굽다 ○시라뮈
烤烘 ᄶᅬ야 물뢰오다 ○여거거뮈
攪拌 ᄐᆞ다 ○혼후뮈
攪混 버무리다 ○쥬구랄두뮈
攪和 ᄆᆞ다 ○호리챠뮈
熟了 通稱 닉다 ○보로뮈 ᄋᆞᆺ可ᄒᆞ다 ᄋᆞᆺ무던다

淘沙 이다 ○시라뮈

撈了 건지다 ○슈구뮈 又죠ᄒᆡᄂᆞ다

泔水 뜨믈 ○우가다수

瀝溜 ᄶᅵ오다 ○슈구러구루뮈

味 맛 ○암타

嘗嘗 맛보다 ○암타라뮈

有味 맛나다 ○암타태

滋味 ㅣㅣ ○암타 심타

變味 ㅣㅣᄒᆞ다 ○암타 후빌지。

酸 싀다 ○쿠치테

甜 ᄃᆞ다 ○암태한

苦 쓰다 ○가시군

辣 밉다 ○고쇼곤

鹹 ᄶᆞ다 ○숄

淡 승겁다 ○우。숩키

澁 ᄠᅥᆲ다 ○어거군

香 고소다 ○우、눌 샌

腥 비린내 ○니ᄆᆞ군。

葷 누리다 ○컹시군

臊氣 노린내 ○십룰

軟 므르다 ○ 쥐거런

剄 세다 ○ 하타구

墋氣 악취 ○ 위머케

油辣 젓다 ○ 가실。지

爛了 썩다 ○ 일。지러지

喫飯 밥먹다 ○ 부다가 이더뮈 云부다가라뮈

喫罷 먹으라 ○ 이더

給他喫 먹이다 ○ 이더구루뮈

齩了 무다 ○ 쟈구뮈

齦喫 쓰더먹다 ○ 커머라뮈

硬 질긔다 ○ 두질

氣 내 ○ 우눌

聞聞 내맛다 ○ 우누수뮈

霾了 곰탕쓰다 ○ 부굴。시지

喫了 通稱 먹다 ○ 이더뮈

打夥兒喫 여러이먹다 ○ 이더져거뮈

喫過了 먹엇다 ○ 이더버

含着 머금다 ○ 원쿠뮈

嚼了 씹다 ○ 쟈지루뮈

用齒斷 베무다 ○ 하쟈뮈

餂 할ᄉᆞ다 ○도로고위
呑下 ᄉᆞᆷᄭᅵ다 ○잘。기위
抽哈 드리그어마시다 ○오치위 云오고치위
嘴廡 입더르다 ○아마 ᄎᆡ벌
食量 ｜｜ ○치기굴
勾勾的 슬토록 ○한타라
勾了 足ᄒᆞ다 ○하누위 云쿠룰쳐위
𠹭了 샤릐드다 ○챠챠위
吐哺 비얏다 ○불。구위
煤火 숫불 ○갈。 쵹

吭 ᄉᆡᆨ키 ○시머위
哈了 아싀다 ○우。구위
口饞 입ᄂᆞᆫ다 ○아마 잘。기닥
嫌肥膩 흐믓ᄒᆞ다 ○상다구갈。태
飽了 비부르다 ○챠두위 又올믕물르다
不要 슬타 ○우러
饐了 목메다 ○터거러위
嗓子閣刺 가싀걸리다 ○하하위
火 불 ○갈。
煤炭 숫 ○너구러수

石炭 ━━ ○치라군 ᅴ구러수

野火 들ㅅ불 ○튀멀 ㅍ 갈。

火焰 불ㅅ곳 ○ᄂᆔ러

燒火 불ᄯᅢ이다 ○갈。 탈。비뮈

吹火 불부다 ○갈。 우러뮈

燒了 ᄉᆞ로다 ○투러뮈

熏了 ᄂᆡ쐬이다 ○우。투뮈

火滅了 불써지다 ○갈。 운타라바

成燼 ᄉᆞ화다 ○한 시타뮈

鍋煤 거믜양 ○쿠。

堆柴火 우둥ㅅ불 ○우컬 갈。

火燃 불니러나다 ○갈。 쿡지뮈

火燒 불붓다 ○갈。 ᄉᆡ타무

烤火 불쬐다 ○갈。 쿨。류거뮈

火烟 ᄂᆡ ○우타가

滅火 불ᄭᅳ다 ○갈。 운타라가뮈

灰 ᄌᆡ ○우나수

佃漁

獵 산힝 ○아바

打圍 산힝ᄒᆞ다 ○아바라뮈

鷹架 매 갸ᄌᆞ ○도골

架鷹 매 밧다 ○할차개 바리뮈

放鷹 매 놋타 ○할챠개 올긔뮈

放狗 개 놋타 ○노해 탈。비뮈

挾子 챠ᄋᆞ ○합하

活扣 올감이 ○보고미

網 그믈 ○워거시

網綱 그믈 벼리 ○컬겨

張網 그믈 티다 ○워거시 져구뮈

拿魚 고기 잡다 ○구루거치러뮈 一云구루거러뮈

釣竿 낙ᄉᆞ대 ○구기

釣線 낙시 줄 ○시짐

釣鉤 通稱갈고리 ○더거

甜食 낙시 밥 ○일。버거수

釣了 낙시질ᄒᆞ다 ○구기더뮈

魚梁 어살 ○달。답치

魚筌 통발이 ○토몰착

掛住 通稱걸리다 ○톨치 옷즘섬쳐이다

蒙語類解上卷終

蒙語類解

下

蒙語類解 二

蒙語類解目錄

下卷

蒙語類解下卷

田農

旱田 받 ○타랴ᇰ 水田 논 ○투를가 연 치스

井田 ㅣㅣ○하시락 ㄸ 타랴ᇰ 好田 됴흔받 ○웡 타랴ᇰ

薄田 됴티아닌받 ○타칠 타랴ᇰ 耕田 받가다 ○타리뮈

一晌田 ᄒᆞᆫ나잘가리 ○니거 월루거 타랴ᇰ 菜田 ᄂᆞ물받 ○치스

頃畝 받두듥 ○다랑 又지새므륵 庄地 롱소 ○톳호 云톳호 튀리

打糧場 마당 ○우툴머 種子 通稱 씨 ○우러 又後裔

撒種子 씨쎗타 ○우러러뮈 栽了 通稱 시무다 ○삭굴。가뮈 又안치다

芽 움 ○수여 苗 삭 ○소요가

發芽 삭나다 ○ 소요가라뮈
培本 븟도도다 ○ 다랑나뮈

發穗 곡식픠다 ○ 타란 골。투지
穗子 이삭 ○ 투루구

實了 염그다 ○ 칭가라뮈
豆角 고토리 ○ 홍골촉

結角兒 고토리 및치다 ○ 홍골촉라뮈
穀子楂 그르 ○ 골수

早穀 이른곡식 ○ 이러구 타란
晩穀 느즌곡식 ○ 눈지 타란

打穀 곡식두드리다 ○ 타란 투서뮈
碾穀 곡식ᄀᆞ다 ○ 타란 부루다뮈

虫損 곡식버레먹다 ○ 타란 호로해투뮈
鋤草 기음미다 ○ 알치뮈 又빳다

揠了 通稱 샘다 ○ 욱터거뮈
挑揀 ᄀᆡ다 ○ 터구뮈

摘了 ᄯᅡ다 ○ 츄무뮈
刈了 뷔다 ○ 하두뮈

荒蕪 거츠다 ○ 시릴。두버
犂兒 보십 ○ 안지수

1b

鋤子 호믜 ○ 알치굴 又힝ㅈ

鐮刀 낟 ○ 하두굴

連枷 도리채 ○ 투서굴

磨兒 돌매 ○ 터걸머

碾子 매구을 ○ 우컬 잉

磨一磨 매ᄀᆞ다 ○ 터걸머더뮈

碓子 방하 ○ 쿨。오폴

碓臼 확 ○ 오폴

碓觜 방핫고 ○ 홍호

杵臼 절고 ○ 검커러갈

米杵 절굿고 ○ 만츄

搗擣 씻타 ○ 검커루뮈

簸箕 키 ○ 더부굴

簸一簸 까부다 ○ 식시뮈

米穀

穀 곡식 ○ 타랴

大米 ᄡᆞᆯ ○ 아무

水稻 벼 ○ 투룰가

粘米 ᄎᆞᆸᄡᆞᆯ ○ 시루케 투룰가

老米 쌀ㅣㅣ ○로미 아무

大米黃 기장 ○몽풀。 아무

小米 좁쌀 ○호국 아무

大麥 보리 ○노해 연 호시구

小麥 밀 ○부구대

蕎麥 모밀 ○사각

小米黃 출조 ○우라간 호녹

高粱米 슈슈 ○시시

稗子米 피 ○우순 호녹

鈴鐺麥 귀우리 ○알배

黃豆 콩 ○불챡

小豆 풋 ○얼서 불챡 云이서 불챡

菉豆 ㅣㅣ ○노고간 불챡

芝麻 참깨 ○챠간 마가랑구

蘇子 들깨 ○하라 마가랑구

米粒子 쌀알 ○무쿠락

麵 ᄀᆞᄅᆞ ○구랄

磨麵 ᄀᆞᄅᆞ 믠드다 ○탈。하라뮈

粃子 쭉정이 ○쵸할。

糠 겨 ○아가

菜蔬

菜 ᄂᆞ믈 ○노고가 ㅇ又치 蘿蔔 무우 ○로방

蔓菁 쉿무우 ○만진 生薑 ㅣㅣ ○하라군 어버수

芥子 계ᄌᆞ ○개무 노곤ㅜ 우러 葱菜 파 ○송기나

大蒜 마ᄂᆞᆯ ○사림삭 韭菜 부치 ○고곤

黃苽 외 ○황 파 冬苽 동화 ○둥ᅀᅳ 파

茄子 가지 ○쳐ᅀᅥᅀᅳ 芹菜 미나리 ○쵸굴

白菜 ᄇᆡ치 ○쟈간 노고가 生菜 싱치 ○셩ᅀᅳ세

拳頭菜 고사리 ○시바군 너둘가 海菜 머육 ○하넌

海帶 다ᄉᆞ마 ○다래 연 쟈간 노고가 葵菜 아옥 ○아부가

竹筍ㅣㅣ ○후루순 모론 ㄱ수여 山藥마 ○산요

葫蘆박 ○후루 蘑菇버숫 ○뭐구

香蕈표고 ○알귀 沙參더덕 ○속라

菩萸도랏 ○훌룬 챠간 小根菜귀돌랑 ○톡타수

甘薺菜나히 ○절릭 개무 蓼莪菜역괴 ○실。미

蔄蒿菜평지 ○보로 쉬하 羊蹄菜소로장이 ○시루게

酸蔣菜승아 ○시멀。덕 서굴。 莧菜비름 ○살발。지

苦菜씀바괴 ○이더러

果品

果子과실 ○지밋 ○又여름 龍眼ㅣㅣ ○룽연

荔芰——○리 디ᅀ　金橘귤○귀즈

石榴——○아날　柑子——○간ᅀ 즈

柚子——○읏즈　柿子감○모돈ㅜ 샵타라

柿餅곶감○시킬 샵타라　棗兒대쵸○치바가

栗子밤○탈래 연 부거러　栢子塔잣송이○볼고촉

松子잣○사물　核桃호도○후시가

榛子가얌○신　梨兒빈○아리마

李子외얏○리서ᅀ　蘋果사과○알무란

葡萄——○우줌　檳子님금○빈 즈ᅀ

杏子ᄉᆞᆯ고○귀러수　桃子복쇼아○토골

軟棗 ᄃᆞ래 ○ 로시록

櫻桃 ㅣㅣ ○ 잉톨

山裏紅 아가외 ○ 도로노

五味子 ㅣㅣㅣ ○ 우랄。지가나

胡椒 ㅣㅣ ○ 후 쟌

紅姑娘 ᄯᅩ아리 ○ 뎌 구녕

菱角 마름 ○ 쟝교

白果 은힝 ○ 버ᄉ 고

臭李子 머뤼 ○ 뫌。

枸杞子 ㅣㅣㅣ ○ 우컬 불。질거니

西瓜 슈박 ○ 탈붓

西瓜子 슈박씨 ○ 탈붓 우러

甜瓜 ᄎᆞᆷ외 ○ 암태한 과

蜜泥果 정과 ○ 슈구수 云시구슈。又津液

果殼子 과실ㅅ각디 ○ 하리수 오ᇰ무굼

果核子 과실ᄲᅵ ○ 지밋 ㅍ 츄머

結子 ᄲᅵ밋티다 ○ 츄무투뮈

空殼子 通稱 빈 죽얼이 ○ 거멀。又곤알

果生虫 버레나다 ○ 지밋 호로해투바

並蒂子 어우렁이 ○ 어부철。

剝皮 겁질벗기다 ○하구루뮈

去子核 ᄡᅵᄇᆞᄅᆞ다 ○츄머 불구뮈

疾病

病 ㅣ ○어번친

害病 병알타 ○어번투뮈

呻吟 ㅣㅣᄒᆞ다 ○외라뮈

勉強 강잉ᄒᆞ다 ○하타구지뮈

身子不快 몸셩치못ᄒᆞ다 ○버여 커너걸거뮈

喉閉 목젓치다 ○호고라 연 어련 우나뮈

感冒 ㅣㅣᄒᆞ다 ○토모고라지

傷寒 ㅣㅣ ○하라근 키직

泄瀉 ㅣㅣᄒᆞ다 ○킬거뮈

痢疾 ㅣㅣ ○올호다수

下痢 니질ᄒᆞ다 ○올호다수 킬거뮈

半日病 학질 ○솔쿠거

中風 ㅣㅣᄒᆞ다 ○서구덜투지

害暑 더위드다 ○챠가리뮈

瘟疫 염병 ○키직

瘋了 미치다 ○갈쟈구라지

心疼 가슴알타 ○ 아올리해 어벋두뮈

發昏 긔절ᄒᆞ다 ○ 하랑군치

發熱 번열ᄒᆞ다 ○ 하라구챠뮈

麻痐 자리다 ○ 운타라뮈

頭暈 마리어즐ᄒᆞ다 ○ 토로개 얼기뮈

打戰 通稱ᄯᅥ다 ○ 쳐쳐러뮈

出花兒 역질ᄒᆞ다 ○ 이커 절거 소비라뮈

送痘 송신ᄒᆞ다 ○ 이커 절거 우더뮈

瘡 창종 ○ 야라

遍瘡 헐믓다 ○ 야라두뮈

疥瘡 옴 ○ 뇌탄 하마구

痔瘡 치질 ○ 홀릭 야라

生癬 버즘 ○ 이리두

楊梅瘡 당옴 ○ 쟝 야라

瘤子 부으름 ○ 하타키

背疽 등창 ○ 아룬ㅜ 야라

瘰癧 련쥬창 ○ 불。칠해

瘿俗 혹 ○ 아식 ○又利

眼丹 ᄃᆞ라치 ○ 어부둑

鷄眼 틔눈 ○ 어벌 ○又쌀

腫了 븟다 ○하부두뮈
搔痒 긁다 ○마가지뮈
瘡破 죵긔터지다 ○러버ᄅ버
擠瘇 죵긔ᄶ다 ○야라 시하뮈
黃水 진믈 ○시라 우ᅌ수 ○옺짓믈
瘡口平 합창ᄒ다 ○아나뮈
起疿子 ᄯᆞᆷ되돗다 ○부수룩 야라 더더버
耳聾 귀먹다 ○우다락
瘧子 곰장이 ○학두굴
瘸了 通稱 저다 ○도고로뮈

癢癢 ᄀ렵다 ○쟈가루나뮈
會濃 곰다 ○바가라지
破瘇 ㅣㅣᄒ다 ○러버루뮈
濃水 고롬 ○이더거
瘡痂 더뎡이 ○하가지
瘡疤 허믈 ○솔비
耳聾的 귀먹어리 ○두러
矮子 난장이 ○쟈쟈갈
瘸子 저는놈 ○도고랑
豁唇子 언쳥이 ○서러러게

蘿蔔眼 알닥힌눈 ○호로

瞎一眼 ᄒᆞᆫ눈머다 ○간챠

瞎子 쇼경 ○쇼홀

啞吧 벙어리 ○커러게

傷ㅣ ᄒᆞ다 ○실하 오랄바

刺子 가싀 ○월거수

戳刺 가싀박이다 ○월거수 한후뮈

皺了 트다 ○오소뮈

起膙子 덕다 ○벌서구투뮈

鞭根痕 매ㅅ자곡 ○쿠버러

殘了疾 병폐ᄒᆞ다 ○엄거러지

病重 ㅣㅣᄒᆞ다 ○어벌친 쿤룬치

藥材 약 ○엄

丸藥 ㅣㅣ ○완스 엄

膏藥 ㅣㅣ ○갈요

醫病 병곳치다 ○엄치러뮈

救療 ㅣㅣᄒᆞ다 ○텅쿠러구루뮈

診脉 ㅣㅣᄒᆞ다 ○수다수 바리뮈

鍼 침 ○하나굴

下鍼 침주다 ○하나뮈

艾灸 뜸질ᄒᆞ다 ○투거너 탈。비위

甦醒 되셰다 ○텽쿠러지

病痊 병낫다 ○어벋친 이라리 불。바

喪葬

喪事 ㅣㅣ ○쟈바랑 又禍

没了 尊稱 죽다 ○우게 불。바

命盡 絶命ᄒᆞ다 ○아민 갈바

遺囑 유언ᄒᆞ다 ○거렷러위

禍事 通稱 일만나다 ○투샤가위

愁懷 근심ᄒᆞ다 ○죠바위

得汗 ᄯᆞᆷ내다 ○석 불。바

死而復生 죽은것 시사다 ○아미두라바

卒啊 卒ᄒᆞ다 ○어츄 불。바

死了 通稱 죽다 ○우쿠버 云 누쿠치버

自裁 ᄌᆞ쳐ᄒᆞ다 ○버여 킈위

丁憂 지상ᄒᆞ다 ○벌。버수러위

愁懷 근심 ○죠발。

含淚 눈믈먹음다 ○몰。몰。쟈위

流涕 눈물흘리다 ○ 닏룬ᅮ 닐ᇦ수 우ᅌᅮ가뮈
可哀 슬프다 ○ 우야랄。태

苦啊 셟다 ○ 가시군
傷痛 슬허ᄒᆞ다 ○ 가사루뮈

哭了 우다 ○ 워라뮈
痛哭 ㅣㅣᄒᆞ다 ○ 가시구단 위라뮈

屍身 주검 ○ 야수 옷쌔
殯殮 렴습ᄒᆞ다 ○ 야수 신커뮈

棺材 관 ○ 압사 一云사바
盛棺材 入棺ᄒᆞ다 ○ 압사라뮈

槨 외관 ○ 아굴헤
孝 거상 ○ 벌。버수럴。

孝服 상복 ○ 챠간 훕챠수
穿孝 거상닙다 ○ 챠간 어무수뮈

脫孝 거상벗다 ○ 챠간 훕챠수 태루뮈
孝帶子 거상ᄯᅴ ○ 운질。가 부서

送殯 발인ᄒᆞ다 ○ 야수 갈가뮈
魂幡 銘旌 ○ 운두린할。 고달。바

紙錢 ㅣㅣ ○ 챠가순 죠곳
下葬 영장ᄒᆞ다 ○ 오로시구루뮈 一云니구뮈

焚化 火葬ᄒᆞ다 ○야수 바리뮈
埋着 通稱 묻다 ○부라뮈
家堂 神堂 신쥬 ○옹곤
陵 ㅣ ○거건 이쟈굴
墳墓 ㅣㅣ ○붐바
上墳 소분ᄒᆞ다 ○거거뮈
致奠ᄒᆞ다 ㅣㅣ ○투샤간 태뮈
忌日 ㅣㅣ ○호쇼록산 어둘
碑 ㅣ ○쿠셔 치라군

寺觀

寺院 뎔 ○수머 一云겐 수머
廟堂 ㅣㅣ ○묘
塔兒 탑 ○수불가 一云수발간
壇 ㅣ ○만달
鈴子 방올 ○홍호
搖鈴 ㅣㅣ ○와칠 홍호 又木鐸
神仙 ㅣㅣ ○후빌간 쿠문
關聖帝 관왕 ○거실 한

閻羅王 ||| ○얼릭 하간

神 | ○후빌。간

山路神ㅅ 셩황 ○오보간 ㄱ 어젼

土地神 ||| ○오론 가잘ㄷ 어젼

神靈 || ○터굴。덜옹홍혜혼이

佛像 부텨 ○불한

菩薩 || ○보디사두

塑像 소샹 ○쿠룩

佛法 || ○불한 샤신

和尚 즁 ○호샹

沙彌 샹지 ○반디

尼姑 승 ○키랄 치바간챠

道士 || ○붐。부

善友 居士 ○마챠대

喇嘛 라마 즁 ○라마

坐禪 불ㅅ도 닥다 ○바챠 바리뮈

合掌 || ᄒᆞ다 ○나만치라뮈

眞呪 진언 ○탈니

念呪 진언ᄒᆞ다 ○탈니다뮈

念經 경닑다 ○놈 웅。시뮈

跳神굿ᄒᆞ다 ○뷔거러위
布施보시ᄒᆞ다 ○워리거 원구위

喫齋소ᄒᆞ다 ○마착라위
齋戒ㅣㅣᄒᆞ다 ○아리구라위

洗澡沐浴ᄒᆞ다 ○우캬위
忌門긔우ᄒᆞ다 ○쳐걸러위

鬼ㅣ ○칠쿨
夜精又독갑이 ○모샌

妖精요긔 ○심누
災ㅣ앙 ○감식

災變ㅣㅣ ○니굴。
妖術ㅣㅣ ○우바딧

耍子婆무당 ○뷔거
現靈령험ᄒᆞ다 ○치빌。 지가바

器具

器그릇 ○사바
器皿ㅣㅣ ○사바 접시

櫃子궤 ○압다라
竪櫃장 ○홀고 ○又籠

皮箱 ㅣㅣ ○ 탑삭

鎖頭 ᄌᆞ물쇠 ○ 오니수

鎖了 ᄌᆞ무다 ○ 오니수라뮈

椅子 교의 ○ 산다리

拐杖 집팡이 ○ 타야

打傘 일산밧다 ○ 시쿨 얼구뮈

扇子 부체 ○ 더비굴

卓子 상 ○ 시러거

托盤 원텹 ○ 타박

磁器 사긔 ○ 차가쟝 사바

柳箱 섥 ○ 쿱거

鑰匙 열쇠 ○ 툴。키굴

床子 평상 ○ 이거 시러거

板凳 반등 ○ 반당

日照子 일산 ○ 시쿨 又雨傘

圍屛 병풍 ○ 달。답시

搧搧 부체질ᄒᆞ다 ○ 더비굴더뮈 云더키굴더뮈

蠅拂子 ᄑᆞ리채 ○ 이라간 T 워얼더굴 云실버굴。

方盤 반 ○ 뎝시

椀 사발 ○ 아야가

甌子 보ᄋᆞ ○쵸모

鍾托 잔ㅅ뒤 ○톳호골

匙子 술 ○할바가。云우하락

快子 져 ○삽하

鍋兒 가마 ○토고

盖子 通稱두에 ○너거러게

底子 通稱밋 ○이루갈

邊子 젼 ○일머

鍋撑子 아리쇠 ○툴가

羅兒 체 ○얼거

杯 잔 ○훈타가

楪子 졉시 ○피라

用匙 술질ᄒᆞ다 ○할바가라뮈

用快子 져질ᄒᆞ다 ○삽하라뮈

小鍋 솟 ○돌보고

鍋盖子 가마두에 ○불커수 又鞍籠

邊口 시울 ○일걸

手把子 조지 ○바리귤

鍋刷 솔 ○토끈 ᄀᆞ숄

羅一 ᄎᆞ다 ○얼거더뮈

瓢子 뎍박 ○후룬 시나가

柳瓢 쥬게 ○모돈 시나가

馬勺 구기 ○시나가

漏勺 셜쟈 ○슈굴

案板 도마 ○컬치굴。 모도

榔頭 메 ○쟌치굴 云툭서굴

厨刀 식칼 ○킹가라

甑兒 시르 ○불컬

甑簾 시르밋 ○불컬 ㄸ 칙

水桶 물통 ○사쿠라가

茶桶 차통 ○도모

水斗 드레 ○운훌。 又버무레

箸子 通稱 뎌 ○챠가릭

扁担 변대 ○담치굴

陶了 딜것 곱다 ○요 투러뷔

罈子 항 ○부。룽

尾盆 동히 ○펑서

火盆 화로 ○호붕

火快子 화져 ○터물 ㄸ 삼하

燈盞 ㅣㅣ ○쥬라

點燈 등잔 혀다 ○쥬라 시타가뮈

蠟臺 쵸ㅅ 뒤 ○라태

火把 홰 ○거러 又새벽빗

榅石板 방츄ㅅ돌 ○부루 치라균

提棍麵 홍도ㅅ개 ○쿠불 모도

飄子落 고리 ○포로스

竹籰子 광지 ○삭수

器架 사랑 ○얼기녀 又시령

搭連 대련 ○다링

口俰 자루 ○수말。

蠟 쵸 ○랍 쥬라

燈籠 쵸롱 ○등 룽

亮子 룡지 ○거럽치

棒槌 방마치 ○부루 모도

筐子 광조리 ○서벅

小披開 동고리 ○박불

衣架 옷거리 ○탈비굴 又소도애

被搭子 니불집 ○복쵸

錢搭子 쇼대련 ○다발가

大口俰 부대 ○우구타

纏帶 전대 ○ 슈대

洗臉盆 셰슈대야 ○ 가투라

夜壺 요강 ○ 시거후 후빙

鐵 사슬 ○ 시바가

籌盤 쥬판 ○ 삼판

秤子 텬평 저울 ○ 핑스

法馬 텬평류 ○ 파스ᅀ

等子 저울 ○ 졍러굴

稱桿 저울ㅅ대 ○ 덩 ㄷ 모도

稱錘 저울류 ○ 타해

稱毫 저울눈 ○ 쳥러굴 ㄷ 오돈

量杆 장ㅅ대 ○ 투거러굴

斗子 말 ○ 더우

升子 되 ○ 셩ᅀ

箒子 뷔 ○ 시굴 云슈굴

担箒 지뷔 ○ 구비굴、

掃了 쓰다 ○ 시굴더뮈 云슈굴더뮈

滌器 그릇부시다 ○ 사바 재루뮈

撥火棍 부지ㅅ대 ○ 시러거불

挾剪 협도 ○ 갸잔

劐刀 쟉도 ○ 걸치굴

劐草 여믈싸ᄒᆞ다 ○ 걸치뮈

梯子 사ᄃᆞ리 ○ 샤투

背子挾 자게 ○ 두륩치

糞斗 삼태 ○ 타루굴。

柴子爬 갈키 ○ 말。타굴

使子爬 갈키질ᄒᆞ다 ○ 말。타굴다뮈

摟爬 ᄏᆞ다 ○ 할마뮈

繩子 노 ○ 더거수

大子繩 대삭 ○ 굴무순 더거수

閣子板 션반 ○ 다싱가

羽扇 짓부ᄉᆡ채 ○ 더키굴

孝子擡 등긁이 ○ 아룬 丅 마가지굴

瓶子 병 ○ 후빙

背壺 쥬합 ○ 쿠쿨

漆 옷칠 ○ 실

漆物 옷칠ᄒᆞ다 ○ 실더뮈

塗擦 通稱칠ᄒᆞ다 ○ 툴키뮈

依依 밍그다 ○ 키뮈

油了 졀우다 ○ 토소라뮈

匠器

冶鑪鐵 풀무 ○ 키사

火子鑵 도관 ○ 와루

鎯頭 쇠몽동이 ○ 털물 만츄

老鸛鋸 장도리 ○ 아루하

鐵銼 줄 ○ 호래

磋了 쓸라 ○ 워룹둘。더뮈

錛子 자괴 ○ 오구리

斧子 독ㅅ긔 ○ 수커

墨斗 먹통 ○ 할。쟈

拉風箱 풀무부다 ○ 쿠굴거더뮈

鏢子鑵 부레도관 ○ 당하

鐵鎚 마치 ○ 톡시굴。

鸛鉗 집게 ○ 워룰비

木銼 한 ○ 워룹둘。

鉅子 톱 ○ 키루거

推鉋 대파 ○ 하루굴。

鑿子 살 ○ 츄쳐

墨線 먹줄 ○ 수굼。

匼子 골 ○ 컵러굴

模子 杤 탈판 ○ 컵 又본

釘子 못 ○ 가다수 又말뚝

環子 골희 ○ 가라하

巴子 鍋 거멀못 ○ 부거지

鐵子 樞 쇠테 ○ 샤라마

錐子 송곳 ○ 시부거

鑽子 비븨 ○ 워룸

尖子 곳챵이 ○ 쇼로

鑽開 ᄯᅮᆲ다 ○ 시바다뮈 又지촉ᄒᆞ다

钁頭 광이 ○ 챱치굴

鐵鏨 삷 ○ 쿨져

木杴 가래 ○ 후시ᅀ후

泥鏝 ᄒᆞᆰ손 ○ 이리굴

千斤子 지레 ○ 워리굴

紡車 믈레 ○ 어거러즐。

釘竿子 가락 ○ 삽하 터물

籰子 어리 ○ 갈 모도

機身 틀 ○ 사리

箴子 ᄇᆡᄃᆡ ○ 살。감지

梭 뵈ㅅ북 ○올키챠

剪子 가ᄋᆡ ○해치

頂針子 골모 ○후릅치

烙一烙 인도질ᄒᆞ다 ○하가리뮈

運一運 달이다 ○이러굴터뮈

做工 셩녕ᄒᆞ다 ○위러두뮈

剮了 삭다 ○죠로뮈

鏇了 ᄀᆞ리다 ○열기굴ᅌ터뮈

搽抿 우뷔다 ○홍회라뮈

鎔化 녹이다 ○핼ᅌ가뮈

棍子 자 ○토회

針子 바늘 ○져구

烙鐵 인도 ○하리늘ᅌ

熨斗 달이울이 ○이럴

工程 셩녕 ○위럴부리

刻了 삭이다 ○세루뮈

彎了 휘오다 ○마타리구루뮈

起花 조이ᄒᆞ다 ○토비뮈

透鑽 세둡다 ○쵸고로무

穿紉 세다 ○컬ᅌ키뮈

鑄了 지오다 ○친후뮈 又믈올리다
銲了 새디 ○강나뮈

舟車

船 비 ○옹고챠 又귀요
全船木 마샹이 ○수。문 옹고챠

漁船 고기잡는비 ○갈 옹고챠
擺船渡 누르ㅅ비 ○외모

筏子 떼 ○군져
舵 티 ○서굴。 又 쟈라굴

桅蓬 빗ㅅ돗 ○달。바
掛蓬 돗드다 ○달。바 타타뮈

卸蓬 돗지오다 ○달。바 후랴뮈
桅杆 돗대 ○시룩 又괴대박이

撑子 사화ㅅ대 ○툴。가굴
撑船 빗젓다 ○옹고챠 툴。가굴라뮈

槳 빗ㅅ노 ○설。비굴
盪槳 노젓다 ○설。비뮈

鐵錨 닫 ○쟝곤 터물 又마르믐쇠
抛錨 닫주다 ○쟝곤 터물 올키뮈

絟船 비ᄆᆡ다 ○ 옹교챠 족소가뮈　梢工 사공 ○ 옹교챠 ᄐᆞᆯ。가굴라후 쿠문

飄了風 표풍ᄒᆞ다 ○ 살。킨 둘 케ᄉ쳐더뮈　輦｜ ○ 냔 털거

轎車 가마 ○ 셔소꺼 털거　轎子 ｜｜ ○ 셔소꺼

擡轎子 교조메다 ○ 셔고꺼 얼구뮈　跁山虎 남여 ○ 덩너굴

囚車 함거 ○ 비더구 털거　車子 술위 ○ 털거

推車 미ᄂᆞᆫ 술위 ○ ᄐᆞᆯ。키쿠 털거　車箱 술위ᄉ 난간 ○ 털거 하시랴

車轅 술위채 ○ 털컨 ㅜ 아랄。　車輪 술위ᄉ 박회 ○ 쿨。투 一云 두구릭

輻條 술위ᄉ살 ○ 털컨 ㅜ 거쿼수　車輗 멍에 ○ 부ㅜ라가

駕車 술위메오다 ○ 쿠루뮈　裝車 술위예 싯다 ○ 털거 두 터거뮈

趕車 술위모다 ○ 털거 바리뮈　翻車 번챠ᄒᆞ다 ○ 털거 쿠무릭더뮈

卸了 부리오다 ○바구뮈　搬運 슈운ᄒᆞ다 ○쥐거뮈

鞍轡

鞍子 기르마 ○어머걸。　鞍轎子 기르마가지 ○부굴거

馱鞍 딤기르마 ○항개 어머걸。　鞍座兒 소부리 ○덥서

鞍甲兒 안갑 ○아라수 불커수　鞍籠 ― ― ○불커수

肚帶 ᄇᆡㅅ대 ○오롱ᅵ　馬韂 ᄃᆞ래 ○토홈

馬鐙 등ᄌᆞ ○두루거　折舌 혀쇠 ○골기

攀胸 가슴거리 ○쿠물。둘거　鞦皮 후거리 ○후둘가

轡頭 구레 ○하쟈갈　籠頭 바구레 ○녹토 云두룹치

帶轡頭 구레ᄡᅴ오다 ○하쟈갈 어뭇커뮈　摘轡頭 구레벗기다 ○하쟈갈 아부뮈

退轡頭 구레 벗다 ○하쟈갈 물。투루뮈

嚼子 마함 ○죠재

退水環 마함 벗다 ○아마개수뮈

鐐嘴 몰입에망 ○토롬도구 一云토몰챡

鉤子 글기 ○삼나굴

扯手 혁 ○지루구

韁繩 곳비 ○츄부굴 一云칠부굴

緹胸 쥬락 ○몬촉

屜子 언치 ○실덕

鞭子 채 ○타시굴 一云미라가

鞭穗 채열 ○타실술 술。챠쥭

挽手 채션 ○부걸들거

打鞭子 채티다 ○타시굴다뮈

鞴鞍子 기르마짓다 ○어머걸。토오뮈

摘鞍子 기르마 벗기다 ○어머걸。아부뮈

絆 지달 ○치둘

絆了 지달 ᄡᅳ다 ○치둘러뮈

馬釘 다갈 ○타하

打馬釘 다갈 박다 ○타하라뮈

數目

數兒 수 ○토가

數數 수혜다 ○토가라뮈

屈指 손곱아 數 혜다 ○후루。누굴。휴 토가라뮈

一箇 혼나 ○니거 一云니거건

二箇 둘 ○호얄

三箇 셋 ○구르반

四箇 넷 ○덜번 一云두르번

五箇 다ᄉᆞᆺ ○타분

六箇 여ᄉᆞᆺ ○질구간 一云쥴간

七箇 닐곱 ○도로간 一云도론

八箇 여돏 ○내만

九箇 아홉 ○이순

一十 열 ○알반

十五 열다ᄉᆞᆺ ○알반 타분

二十 스믈 ○호린

三十 셜흔 ○구。친

四十 마흔 ○더친 一云두친

五十 쉰 ○타빈

六十 여슌 ○지란
七十 닐흔 ○다란
八十 여든 ○나얀
九十 아흔 ○이런 一云져런
一百 빅 ○쟈군
一千 쳔 ○밍간
一萬 만 ○투먼
一次 ᄒᆞᆫ번 ○니여터 一云니거 우다가
兩次 두번 ○호얄타 餘皆倣此 다터吋韻
這一遭 이번 ○어너 우다가
屢次 여러번 ○커둔터 一云커두 커둔 절거
每一遭 ᄒᆞᆫ번식 ○니지걸 터거
每一箇 ᄒᆞ나식 ○니지걸
每兩箇 둘식 ○호샤간△
每三箇 세식 ○굴바간 餘皆倣此 간걸吋韻
幾箇 언머 ○커두 ○又비록
第一 첫것 ○터리군
第二 둘재 ○덜△△
第三 셋재 ○굴바두갈 餘皆倣此 두갈두걸吋韻
一斤 ᄒᆞᆫ근 ○니거 징

一兩 ᄒᆞᆫ냥 ○ 니거 랑
一錢 ᄒᆞᆫ돈 ○ 니거 친

一分 ᄒᆞᆫ푼 ○ 니거 푼
一厘 ㅣㅣ ○ 니거 리

一斛 ᄒᆞᆫ휘 ○ 니거 후
一顆 ᄒᆞᆫ낫 ○ 니거 한

一擔 ᄒᆞᆫ셤 ○ 니거 단
一合 ᄒᆞᆫ흡 ○ 니거 고△

一半 ㅣㅣ ○ 니거 둠다굴
一摟 ᄒᆞᆫ아름 ○ 니거 터버릴。

一托 ᄒᆞᆫ발 ○ 니거 알다。
一扎 ᄒᆞᆫ뼘 ○ 니거 투거

一把 ᄒᆞᆫ줌 ○ 니거 얄후
一綑 ᄒᆞᆫ뭇 ○ 니거 여ᄀᆞ지 一云 니거 박

一條 ᄒᆞᆫ오리 ○ 녀거 쥴붓。
一掬 ᄒᆞᆫ우흠 ○ 니거 비터구

一隻 ᄒᆞᆫ짝 ○ 니거 위루거순
隻隻 ᄧᅡᆨᄧᅡᆨ이 ○ 위루거순

一雙 ᄒᆞᆫ빵 ○ 니거 호스△
雙雙 빵빵이 ○ 호스한

作雙 짝짓다 ○좃라뮈 一丈 一一 ○니거 좃 알다

一寸 一一 ○니거 이마후 量量 되다 通稱 ○검지뮈

臂量 밤다 ○알다라뮈 限量 혼ᄒᆞ다 ○검너뮈

秤稱 근ᄃᆞ다 ○징러뮈 等稱 分兩ᄃᆞ다 ○청러뮈

稱高 저울세다 ○청러굴 월구 拉拉 저울ᄂᆞ리다 ○청러굴 구두뮈

重啊 무겁다 ○쿤두 옹잔즁ᄒᆞ다 輕啊 가비얍다 ○쿵건

縮一 ○돌곤 少了 ᄊᆞ다 ○호로뮈

衆啊 여러 ○오란 有句 넉넉ᄒᆞ다 ○이러구 오낫다

有餘一一 ○우러터러 餘剩 남다 ○우러뮈

多啊 만타 ○우럼지 小啊 젹다 ○비치한 一云 취권

小些 져기 ○ 바한

一點子 죠고마치 ○ 츄커권

大 크게 ○ 이커러 又만히

大了 크다 ○ 이커

減除 더다 ○ 호로다구루뮈 一云바구라구루뮈

添上 더다 ○ 너머뮈

珍寶

寶貝 보비 ○ 얼더니 ○又玉璽

金子 금 ○ 알타

皮金 ㅣㅣ ○ 커더

金箔 ㅣㅣ ○ 닋쿠 알타

銀子 은 ○ 뭉구

水銀 ㅣㅣ ○ 우순 뭉구

錠子 금은져근덩이 ○ 워루게

錢 돈 ○ 죠곳

錢串 돈세음 ○ 컬겨수

珍珠 ㅣㅣ ○ 수분

東珠 왜진쥬 ○ 타나

玉 ㅣ ○ 핫

佩玉 ㅣㅣ ○져국신 핫△

琥珀 ㅣㅣ ○후바

瑪瑙 마노 ○터니킬

蜜蠟 미라 ○미라

寶石 ㅣㅣ ○얼더니 치라ㅜ

玳瑁 ㅣㅣ ○대메△

紅銅 구리 ○짓△

白銅 빅퉁 ○챠간 가오리 去 챠ᄉ

鐵 쇠 ○터물

錫 빅철 ○투굴。가

珊瑚 ㅣㅣ ○시루

琉璃 ㅣㅣ ○실。

玻瓈 보리 ○보롤

水晶 ㅣㅣ ○우순 실。

犀角 ㅣㅣ ○살룩 우킬 ㅗ 어벌

象牙 ㅣㅣ ○쟈간 丅 시두

黃銅 듀셕 ○가리

鍮鐵 놋 ○시린

鋼鐵 쇠 됴흔 ○보론

鐵銹 보믜 ○지버

銹了 보믜쓰다 ○지버러지

白礬 ㅣㅣ ○배방

皮硝 망쵸 ○피 쇼

朱砂 ㅣㅣ ○쥬 사

砒礵 ㅣㅣ ○비 상

沉香 ㅣㅣ ○천 수 햔

布帛

緞子 대단 ○돌가

粧段 ㅣㅣ ○죠오돈

冒段 ㅣㅣ ○야실。

黑鉛 연 ○홀골지

硫黃 석뉴황 ○리 황

硼砂 ㅣㅣ ○풍사

銀珠 쥬홍 ○싱후

黃蠟 밀 ○랍

香子 臍麝香 ○지갈

蟒龍段 ㅣㅣ ○망누

羽段 짓비단 ○위거덩

紬子 비단 ○츄스

綾子 능 ○링스
花紬 화방쥬 ○알태 팡스
羅ㅣ ○로
綿紬 면쥬 ○미쳐
苧布 모시 ○요록
印花布 화포 ○다루말。 봇ᄉ
毛青布 청삼승 ○우라불 하라
金絲ㅣㅣ ○알。탄 우타수
絨線 슈ᄉ ○용홀
紡線 실ᄌᆺ가 ○어거러뮈

紡紬 방ᄉ쥬 ○팡스
絹子 깁 ○관스
紗ㅣ ○샤
夏布 뵈 ○죠둥
大布ㅣㅣ ○봇ᄉ 옷무명
三梭布 삼승 ○나린 쿠거
絲 외올실 ○실걱
生絲ㅣㅣ ○투구궤 용홀 실걱
線 실 ○우라수
撚線 실뷔다 ○이머루뮈。ᄌᆞ소옴ᄃᆞ 믐다

練絲 실닉이다 ○실컥 봅ᄂᆞ바수라구루뷔
理絲 실골희다 ○츄찰。ㄸ 쟈사뷔
線纘 실톄 ○커루더수
線板上 실감다 ○커루더수러뷔
織了 ᄶᆞ다 ○너커뮈오ᄎᆞ나기벌치ᄒᆞ다
纛啊 通稱 ᄀᆞ다 ○부둔
紅 븕다 ○우라간
黃 누루다 ○시라
白 희다 ○챠간
黑 검다 ○하라

絲亂 실얽킈다 ○실컥 사모챠뮈
線軸 실ᄉᆞ리 ○어벼커수
線一縷 실ᄒᆞᆫ니음 ○실컥 니거 뭇챠
編條 실로치다 ○실컥 구루뷔
細啊 通稱 ᄀᆞᄂᆞ다 ○나린
顏色 通稱 빗 ○웡거
淡紅 븕으스러ᄒᆞ다 ○우랍툴
淡黃 누루스러ᄒᆞ다 ○시랍툴
淡白 희읍스러ᄒᆞ다 ○챠갑툴
淡黑 검으스러ᄒᆞ다 ○하랍툴

綠 푸루다 ○노고간

淡綠 푸루스러ᄒᆞ다 ○노곱툴

眞紅 ㅣㅣ ○쿠린 우라간

桃紅 ㅣㅣ ○옵 우라간

紫色 ᄌᆞ지 ○하랍툴 우라간

鴉靑 야쳥 ○바라간

藍 심남석 ○쿠커

雪白 헤여ᄒᆞ다 ○쳐건

金黃 쥬황 ○우라빌 시라

油綠 ㅣㅣ ○하랍툴 노고간

渼濃 딧ᄒᆞᆫ빗 ○웡거 군

淡色 연빗 ○웡거 채불

純色 ㅣㅣ ○시루군。

有色的 빗난것 ○웡거톄

紋 ㅣ ○아락

有花的 문잇ᄂᆞᆫ것 ○알태

光彩 ㅣㅣ ○기루걸

燦爛 ㅣㅣ ○기루벌젼 기로볼。쟌

打染 물드리다 ○부두뮈

大藍 쳥듸 ○쿠커츄

染靛 반물드리다 ○부둑라뮈

一疋 ᄒᆞᆫ필 ○니거 엉톄

一幅 ᄒᆞᆫ복 ○니거 엉

段子邊 식셔 ○알학

補齦 방조각 ○눠쿠거수

凉花 소옴 ○쿠붕

雪綿子 풀소옴 ○민다수

彈綿花 소옴ᄐᆞ다 ○쿠붕 쿱치더뮈

買賣

買了 사다 ○후달둔 아부뮈

賣了 ᄑᆞ다 ○후달두뮈

做賣買 흥졍ᄒᆞ다 ○후달두가 키뮈

來買 사라오다 ○후달둔아부라 이러뮈

買去 사라가다 ○후달둔아부라 오루뮈

價錢 갑 ○후달두가 ○又흥졍

價直 갑ᄡᆞ다 ○후달두가 타가치뮈

價貴 갑노다 ○후달두가 커쳐구

價相等 갑알맛다 ○후달두가 텅쳐뮈

價賤 갑흔ᄒᆞ다 ○후달두가 킴다

狠賤 지쳔ᄒᆞ다 ○후달。두가 워쉰

一倍 갑절 ○니거 움

吆喝着賣 위여ᄑᆞ다 ○수러뮈

補錠 더음 ○너머라

兌換 밧고다 ○아랄。지뮈

撚閹 져비질르다 ○시바갈라뮈

貰 ㅣ ○우녀 又삭

雇了 셰내다 ○우녀러뮈 又삭내다

賖着來 외자내다 ○두루거수러뮈

本錢 ㅣㅣ ○이쟈굴 ᄃᆞ 버여

盤纏 반젼 ○판 챤

工錢 슈공 ○아춖

月錢 利 변리 ○쿠루수

息利 변리느다 ○쿠루수러뮈

利 리 ○아식 又훅

有利的 리잇ᄂᆞᆫ것 ○아식태

丢利 리업다 ○아식 알。다뮈

均勻 고로다 ○베건

分了 논호다 ○후뱌뮈

分開 셰혀개다 ○살。가뮈 又갈나내다

對半分開 分半ᄒᆞ다 ○하갓라뮈

減多增損 折長補短 ○알가차뮈

賒喫 써혀먹다 ○혼토뮈

造化 ᄉᆞ망 ○잡실。타

造化高 ᄉᆞ망잇다 ○잡시뮈 ○又多幸ᄒᆞ다

夥計 동모 ○홀샤△

路伴 길벗 ○안다

舖子 푸조 ○푸스

店房 숫막 ○쿠문ㅜ 바굴。치 걸 一云 단 팡

市上 져제 ○후달둔ㅜ 가잘 ○又쟝

當舖 젼당푸조 ○단지 연 푸스

典當ㅣㅣ ○단지 ○又볼모

典當了 젼당ᄒᆞ다 ○단지라뮈

還當 젼당물르다 ○죠리라뮈

替賠 뒤예물리다 ○투루거런 아부뮈

債 빗 ○워리

放債 빗주다 ○악순 탈。비뮈

出債 빗내다 ○악순 아부뮈

文契 명문 ○원△ 슈 비칙

做保人 보두다 ○거러 보로뮈 一云 바투라뮈

還債 빗갑다 ○、투루뮈

抵償(還兌) 뎌주다 ○할구구루뮈

用度 ㅣㅣ ○커럭럴。

繁盛 ㅣㅣᄒᆞ다 ○우러지뮈

富啊 가옴여다 ○바야지뮈

福 ㅣ ○부얀

貧 가난 ○야당기

窮 ㅣᄒᆞ다 ○모호뮈

窘 ㅣᄒᆞ다 ○장개뮈

餓着 주리다 ○월。버루뮈 一云 쥬타뮈

物件 ㅣㅣ ○야구마 ㅇ又것

產業 가업 ○걸 쿠룽거

豐足 ㅣㅣᄒᆞ다 ○얼。벅

富 ㅣ ○바얀

貴 ㅣ ○얼킴

福分 분복 ○아루걸。

卑賤 ㅣㅣ ○도롬지

貧窮 가난ᄒᆞ다 ○야당기라뮈

餓 주림 ○워룻쿠령

肚裏餓了 비골푸다 ○워룽거루뮈

糊口 ㅣㅣᄒᆞ다 ○ 아마 오롤。지뮈

罄業 탕패ᄒᆞ다 ○ 부사니뮈

爭訟

相爭 ᄃᆞ토다 ○ 터머쳐뮈

相鬪 ㅣㅣᄒᆞ다 ○ 커럴。두뮈

起誓 밍셰ᄒᆞ다 ○ 아말。다뮈

爭嘴 입힐홈ᄒᆞ다 ○ 커러굴。네러뮈

攘臂 ᄑᆞᆯᄲᆞᆷ내다 ○ 컥쉬뮈

嚷鬧 ᄃᆞ토와지져괴다 ○ 쵸기뮈

亂鬧 작난ᄒᆞ다 ○ 투버거뮈

用强 악ᄡᅳ다 ○ 이덜커뮈

撞頭 마리부듸잇다 ○ 물구쳐뮈

拳打 주머귀로티다 ○ 너둘가라뮈

抽拿 通稱 ᄲᅡ혀드다 ○ 다래뮈

踢了 通稱 ᄎᆞ다 ○ 잇쿠루뮈

抓了 허위다 ○ 마가지라뮈

切齒 니ᄀᆞᆯ다 ○ 시두 쟈구뮈

打嘴吧 ᄲᅡᆷ티다 ○ 아라가다뮈

訟 숑ᄉᆞ ○ 쟐구

打官司 송ᄉᆞᄒᆞ다 ○쟈갈。두뮈

告狀 소지졍ᄒᆞ다 ○거러치러뮈

告訴 알외다 ○거러뮈 又 너ᄅᆞ다

批判 뎨ᄉᆞᄒᆞ다 ○츄구루뮈 又 셰쉽다

官差 ㅡㅡ ○쟈룰。가

元告 ㅡㅡ ○쟈갈。둑산 쿠문

被告 원쳑 ○쟈갈。둑닥산 쿠문

怨家 원슈 ○워셔

結怨 원슈짓다 ○워시뮈

報怨 원슈갑다 ○하리구 아부뮈

問目 ㅡㅡ ○아사굴。타

拷問 져조어뭇다 ○시구、뮈

査査 사획ᄒᆞ다 ○배쟈가뮈 又 點考ᄒᆞ다

對面 면질ᄒᆞ다 ○아마 네러뮈

口供 봉쵸 ○워칙、

是的 올흠 ○죱

可是 올히녀기다 ○죱셔뮈

不是的 그름 ○부루구。

可非 그ᄅᆞᆺ녀기다 ○부루구샤가뮈

關節 쳥쵹 ○필。가

打關節 쳥쵹ᄒᆞ다 ○괄ᄋᆞ가라뮈

虛實 ㅣㅣ ○우넌 타샤

決斷 ㅣㅣ ○어럿 타수

斷了 결ᄉᆞ단ᄒᆞ다 ○타수루뮈

拉 ᄭᅳ으다 ○치루뮈

採回來 ᄭᅳ어두로다 ○시라라구루뮈

退他 물리티다 ○어거구루뮈

施行 ㅣㅣᄒᆞ다 ○야부구루뮈

寃枉 원억 ○무시키구

寃屈啊 원억ᄒᆞ다 ○키럿 구질

伸枉 신원ᄒᆞ다 ○챠간하뮈 ○又雪恥ᄒᆞ다

罪他 죄주다 ○야라 우나가뮈

打賂 뇌믈쓰다 ○하호리라뮈

循私 ㅣㅣᄒᆞ다 ○구야치라뮈

刑獄

刑 형벌 ○어러구

用刑 형벌ᄒᆞ다 ○어러구리뮈

罰 ㅣ ○호를

罪 ㅣ ○야라

犯人 罪人 ○야라 투쿠문

逆賊 ㅣㅣ ○털스럭선 후라개

強盜 도적 ○후라개

竊取 도적ᄒᆞ다 ○후라구뮈

喫賊 도적맛다 ○후라국다뮈

搶了 앗다 ○부랴뮈

被搶了 아이다 ○부랴다뮈

現贓 장믈 ○홉독락산 타왈

搜檢 뒤다 ○닝지뮈

干犯 ㅣㅣᄒᆞ다 ○하루뮈

自首 ᄌᆞ현ᄒᆞ다 ○버여 갈가뮈

打 티다 ○쟌치뮈

喫打 맛다 ○쟌치구루뮈

杖 ㅣ ○장

杖打 장으로 티다 ○장라뮈

笞 ㅣ ○치

笞打 뒤로 티다 ○치러뮈

板子 곤장 ○모도

打屁股 볼기티다 ○북서 더런두뮈

挾棍 쥬리 ○합치굴

挾棍 쥬리트다 ○합치뮈

教疼 아프게ᄒᆞ다 ○어번거뮈

枷 갈 ○둥거

穿枷 칼씌오다 ○둥거 어믓거뮈

鎖子連 쇠사슬 ○긴지

手杻 손에뉴 ○갈 ㄸ 둥거

脚鐐 족쇄 ○쿨。ㄸ 둥거

牢裏 獄 ○긴단 一云 타무

監着 가도다 ○호리뮈

限期 ᄒᆞᆫ ○후구챠가

定限 ᄒᆞᆫ졍ᄒᆞ다 ○후구챠뮈

寬限 ᄒᆞᆫ믈리다 ○숭가뮈

贖ㅣ ○죠랴

收贖 속밧다 ○죠리구루뮈

減等 ㅣㅣᄒᆞ다 ○절거 쿵먼거뮈

免了 면ᄒᆞ다 ○컬。투리뮈

赦ㅣ ○셔

赦他 샤ᄒᆞ다 ○컬。투리구루뮈

赦前 ㅣㅣ ○셔 연 챠두

赦後 ㅣㅣ ○셔 연 나가나

放他 노타 ○탈비뮈 오두다

脫出來 버서나다 ○알다라바 云토닐바

可矜 불샹ᄒᆞ다 ○워루셜례

惹事 일내다 ○커럭 ㅣ 더더구루뮈

弭事 일쓰다 ○커럭 ㅣ 수누거뮈

刺字 ㅣㅣᄒᆞ다 ○시버뮈

徒ㅣ年 ○위럴거뮈

正法 ㅣㅣᄒᆞ다 ○챠가잔 ㅣ열 압치뮈

砍頭 목버이다 ○참친 아라뮈

抄家 적물ᄒᆞ다 ○타라뮈

敎脫 벗겨내다 ○욱챠라구루뮈

寬恕 ㅣㅣᄒᆞ다 ○아고치라뮈

可疑 의심젓다 ○서직럴데

事情出來 일나다 ○커럭 갈바

息事 일주저안ᄉᆞ다 ○커럭 남하라뮈

擺站 구향가다 ○츄러뮈

充軍 ㅣㅣᄒᆞ다 ○치릭 불가뮈

絞 ㅣᄒᆞ다 ○큡치던 아라뮈

凌遲 ㅣㅣᄒᆞ다 ○옥토친 아라뮈

屬公 ㅣㅣᄒᆞ다 ○알반 둘 오로구루뮈

戱玩

玩耍 노다 ○ 나가두뮈

戱玩 희롱 ○ 호숑치

戱耍了 희롱ᄒᆞ다 ○ 호숑나뮈

大碁 바독 ○ 믹만

下大碁 바독두다 ○ 믹만 탈비뮈

盤子 판 ○ 쿨거

象碁 장긔 ○ 시타라

打象碁 장긔두다 ○ 시타라 나가두뮈

雙陸 ㅣㅣ ○ 쌍루

打雙陸 쌍뉵티다 ○ 쌍루라뮈

骰子 ᄉᆡ애 ○ 쇼

擲骰子 ᄉᆡ애더지다 ○ 쇼 올키뮈

骨牌 ㅣㅣ ○ 야숸 패

抹骨牌 골패ᄒᆞ다 ○ 야숸 패 나가두뮈

紙牌 투젼 ○ 챠가숸 丁 패

投壺 ㅣㅣ티다 ○ 후 둘 올키뮈

爭長 비교 ○ 멀지거러

爭短長 우렬ᄃᆞ토다 ○ 멀져텨뮈

對手 적슈 ○어실구철。

鞦韆 그리 ○터구징

毽子 뎌기 ○붐부거

捽挍 실홈ᄒᆞ다 ○바릴。두뮈

打脚蹬 족티다 ○타시뮈

打跟斗 근두질ᄒᆞ다 ○롱골촉라뮈

變戲法 환슐ᄒᆞ다 ○일。비 나가두뮈

罵辱

責他 칙ᄒᆞ다 ○호릭라뮈

罵他話 욕ᄒᆞ다 ○하랴뮈

賭賽 나기ᄒᆞ다 ○무뤼쳐뮈

打鞦韆 그리ᄯᅴ다 ○터구징너뮈

踢毽子 뎌기ᄎᆞ다 ○붐부거 잇쿠루뮈

挏肐窩 긔지러이다 ○거지거러뮈

跳繩索 줄넘다 ○뎌거수 하래라뮈

變戲法的 환슐ᄒᆞᄂᆞᆫ사ᄅᆞᆷ ○우바ᄃᆞᆺ투쿤

鬼臉兒 탈광대 ○호도고친

罵他 삭진다 ○쟝다뮈

記恨 벼로다 ○쟈ᄂᆞ뮈

嚭罵聲 춤밧타ᄭᅮ진ᄂᆞᆫ소릭 ○ 페

數落 수죄ᄒᆞ다 ○ 동고도뮈

不肖 의젓디아니타 ○ 둘수 우게

賴皮 상업슨놈 ○ 투릅 우게

光棍 무류빈 ○ 보롱회

撒潑 패악ᄒᆞ구다 ○ 보롱화라뮈

惡他 뮈여ᄒᆞ다 ○ 쇼고도뮈 一云 쇼고뮈

惡啊 뮙다 ○ 쇼끌부리태

可惡 과ᄡᅵᆷᄒᆞ다 ○ 지쟈릭

趂願 잘코서니 ○ 타바라뮈

作賤 천이부리다 ○ 하라다뮈

僕殺 종ᄀᆞᆺ치부리다 ○ 보골치라뮈

砍頭的 목버힐놈 ○ 아라거

國號

虞 ㅣ ○ 유

夏 ㅣ ○ 햐

殷 ㅣ ○ 인

周 ㅣ ○ 져우

秦丨○친 漢丨○한
晉丨○진 隋丨○슈
唐丨○탕 宋丨○숭
魯丨○루 衛丨○웨
吳丨○우 越丨○웨
鄭丨○정 楚丨○추
趙丨○쟌 韓丨○한
燕丨○얀 齊丨○치
蜀丨○수 元丨○ᄋᆎᆫ
明丨○밍 朝鮮丨丨○초한

漢人ㅣㅣ○기탄 쿠룬 一云낭갿　高麗ㅣㅣ○솔고 一云소롱곳

滿洲ㅣㅣ○만쥬　蒙古ㅣㅣ○몽골。

倭子왜○오 즈　野人ㅣㅣ○알。바투 一云하다츄

㺚子ㅣㅣ○할하 몽골。

飛禽

禽놀즘 싱○시바구　鸞鳳ㅣㅣ○란 시바구

鳳凰ㅣㅣ○풍항　鶴ㅣ○알。서굴。

孔雀ㅣㅣ○토곳　鴛鴦ㅣㅣ○우란 하진

翡翠ㅣㅣ○쿠커츄　皂雕수리○불굳

鸚鵡잉무○토디　天鵝곤이○훈

鶖鶬 빅노 ○디거레

老鸛 한새 ○월비

水鸛 가마오지 ○하라 가라구

鴰子 너새 ○토독

江鷹 골며기 ○하루 멀건

隨陽鳥 기러기 ○커거러 연 가라구

鷹 매 ○할챠개

海靑 희동청 ○숑홀

鷂子 새매 ○킬귀。

鵴鷹 쇼로기 ○어려

蛟母鳥 보람갑이 ○노해 숔숄

抓物 ᄎᆞ다 ○사발다뮈오헐킈다

鵂鶹 부헝이 ○시라 시바구

夜猫 옷밤이 ○우구리

野鷄 뭥 ○끌고호。一云킬끌

鵝子 거유 ○가라구

野鴨 뫼올이 ○커거러 연 노고수

鴨子 올이 ○노고수

鴿子 비둘기 ○타타가

杜鵑 ㅣㅣ ○숍시골。○又子規

可鴗 버국이 ○쿠구거

寒鴉 갈가마귀 ○타구

黃鸝 꾀꼬리 ○알탄 골골대

雀兒 새 ○빌죠해

茶鳥 콩새 ○후챤 호랄

鶺鴒 뫼ㅅ초락이 ○부두니

鷦鷯 밥새 ○시라골지 빌죠해

巧燕 명막이 ○우란 하랴채

家鷄 닭 ○타캬

蛋 알 ○원더거

老鴉 가마귀 ○귀려

喜鵲 가치 ○샤나쟈개

啄木官 닷져구리 ○톡시굴가

麻雀 참새 ○키라로 빌죠해

葦鳥 골새 ○부하 시바구

鵓鴿 ㅣㅣ ○쿠커 쳑쳐게

拙燕 져비 ○하랴채

蝙蝠 볽쥐 ○박바개

笋鷄 연계 ○독도골

蛋淸 흰조의 ○챠간 우구락

蛋黃 누른ᄌᆞ의 ○ 시라 우구락

下蛋 알낫타 ○ 원더거러뮈

啄蛋 알ᄡᅥ다 ○ 원더거 넙치뮈

啄喫 몽이먹다 ○ 쵸키라구루뮈

展翅 놀개펴다 ○ 지굴 덜거뮈

飛了 ᄂᆞ다 ○ 니수뮈

鷄冠 ᄃᆞᆰ의볏 ○ 타갼 ᅮ 치칙

嘴 부리 ○ 호시구

尾把 通稱ᄭᅩ리 ○ 서굴。

毦毛 소옴치짓 ○ 노로눌

鷄嘎蛋 알겻다 ○ 가각라뮈

抱蛋 알안다 ○ 원더거 다루뮈

嘴黃 콩부리 ○ 앙갈。쥴

鷄鬪 ᄃᆞᆰ싸호다 ○ 타캬 쵸키라뮈 又ᄃᆞᆰ조다

搧翅 놀개붓다 ○ 지굴 더비뮈

高飛 놉히ᄂᆞ다 ○ 하리뮈

翅膀 놀개 ○ 지굴

嗉帒 산멱 ○ 쿠요거

翎兒 짓 ○ 워두

飄翎 ᄲᅢ짓 ○ 골。서굴。

揆毛 짓ᄀ다 ○ 꼬지뮈
爪子 즘싱의발톱 ○ 키무수

距 며ᄂ리톱 ○ 더럽치
鳥啼 새우다 ○ 빌조해 도가루뮈

鷄叫 돍우다 ○ 타캬 도골로뮈
公的 수 ○ 어러친

母的 암 ○ 어먹친
雛 삿기 ○ 쥴。쟈가

飛止 새안ㅅ다 ○ 시바구 사구뮈
巢窩 날즘싱의집 ○ 어굴

鷄棲 돍의홰 ○ 호노구리
棲止 짓드리다 ○ 오로시뮈

鳥食 몽이 ○ 웍요거
鷹條 매똥 ○ 상가수

鳥獸糞 즘싱의똥 ○ 알갈。
撒糞 즘싱똥누다 ○ 알갈。 바가뮈

走獸

獸 길즘싱 ○ 구루거수
麒麟 ㅣㅣ ○ 키링

獅子 ― ― ○알ᄉᆞ란

老虎 범 ○발ᄉᆞ

母虎 암범 ○워루친 발ᄉᆞ

牲口 通稱 즘싱 ○말。

馬 몰 ○모리

騍馬 암몰 ○거무 모리

青馬 총이몰 ○보로 모리

黃馬 공골몰 ○홍골 모리

黑馬 가라몰 ○하라 모리

紅紗馬 부루몰 ○부구룰。 모리

象 코키리 ○쟈간

公虎 수범 ○건두 발ᄉᆞ

豹虎 표범 ○일빗

牲口羣 즘싱의 무리 ○아두구

兒馬 수몰 ○아질가 모리

白馬 ― ― ○챠간 모리

赤馬 절ᄯᅡ몰 ○절더 모리

花馬 얼럭몰 ○아락 모리

灰馬 짓빗몰 ○사랄。 모리

棗騮馬 조류몰 ○커결 모리

栗色馬 굴헝몰 ○쿠렁 모리
豹臀馬 棑花잠불몰 ○쵸홀 모리
銀蹄馬 ᄉᆞ족빅 ○부락 모리
快走馬 능주마 ○홀듄 모리
光當馬 덜렁이눈몰 ○돌갸태 모리
老實馬 용훈몰 ○노모한 모리
騅馬 기르마업슨몰 ○재당 모리
馬駒子 마야지 ○우나가
迎頭鞍 몬다회 ○몬다가
毛 털 ○위수

線臉馬 간쟈몰 ○할쟌 모리
玉頂馬 쇼틔셩몰 ○사라 모리
驪馬 잰몰 ○지루가 모리
鈍馬 뜬몰 ○하샹 모리
劣馬 ㄱ래눈몰 ○독신 모리
生馬 ㅣㅣ ○얼믹 모리
坐馬 ㅣㅣ ○갈 호시 모리
馬胸膛 몰가ᄉᆞᆷ ○모리 오모로
馬子蹄 몰굽 ○투구래
脖鬃 갈기 ○덜。

馬尾子 몰총 ○ 길。가수

騸了 불티다 ○ 악타라뮈

馬嘶 몰우다 ○ 모리 인샤가뮈

拉馬 몰잇그다 ○ [illegible]터루뮈

騎馬 몰트다 ○ 우누뮈 一云 모리라뮈

疊騎 어울트다 ○ 순다라뮈

馬走走 몰걸리다 ○ 알후구루뮈

拍馬 몰[illegible]돌리[illegible] ○ 텁키뮈

跑馬 몰노하돌리다 ○ 우훗키구루뮈

口硬 아귀세다 ○ 아마 하타구

啃青 몰쓰더먹다 ○ 혹로뮈

單蹄撣 몰외알례다 ○ 대루뮈

飲馬 몰믈먹이다 ○ 모리 우。수라뮈

馬草 여믈 ○ 모린 [illegible] 어버수

馬料 몰콩 ○ 료

馬粧糊 몰죽 ○ 어더먹

馬肥 몰술디다 ○ 모리 탈구라지

馬瘦 몰여위다 ○ 모리 투라한

骨眼 눈에티 ○ 챠길。가투지

瘵了 신코지다 ○ 하발 어벌챠투시

馬前失 몰앏거티다 ○부두리뮈

迎頭鞍破 등닷타 ○다가리

馬撒了 몰노히다 ○몰리 알다라지。

犣牛 한쇼 ○부하

犍牛 악대쇼 ○샬 우걸

水牛 무쇼 ○우。순 ㅜ 우걸

角 쁠 ○어벌 ㅇ又티눈

鼻鉤 코ㅅ도래 ○뵈라 云두루

牛交 쇼흐르다 ○부하투뮈

驢子 나괴 ○얼。지거

罯瘸 삳옥이다 ○쉬뎔。져뮈 云매마리뮈

馬癩 몰비로먹다 ○하마구라지

牛 쇼 ○우걸

乳牛 암쇼 ○우녀

花牛 어룽쇼 ○쿠린 우걸

牛犢 쇠삿기 ○투굴。

牛筋 쇠심 ○시리

牛低頭 쇼지르다 ○물구처뮈

馬交 몰흐로다 ○아질가라뮈

騾子 노새 ○라구사

駱駝 약대 ○ 터머거

駝峯 약대 肉鞍 ○ 뷔쿠

包子 짐 ○ 아치야

馱子 包짐싯다 ○ 아치뮈

豺 승냥이 ○ 시라논

狼 일히 ○ 치뉴

熊 곰 ○ 워터거

鹿 사슴 ○ 부구。

麋鹿 ㅣㅣ ○ 서굴。울투 부구。

鹿茸 ㅣㅣ ○ 뵈툭

獐 노로 ○ 아라투

香獐 샤향 노로 ○ 쿠더리

猴 진납이 ○ 삼자 一云버친

狐狸 여ᄋᆞ ○ 우너거

野猫 삵 ○ 마룰

猞猁猻 시라손 ○ 시루구수

羊 ㅣ ○ 호니

山羊 염쇼 ○ 이마가

山獺 ㅣㅣ ○ 얼벙쿠。

水獺 ㅣㅣ ○ 하리구

獾子 오소리 ○ 도로고 一云 망기수

䶉鼠 담뷔 ○ 수얼

松鼠 드람이 ○ 쥬라마

耗子 쥐 ○ 후루가나

兎兒 톳기 ○ 타래

兒猪 ㅣㅣ ○ 토뢰

狗 개 ○ 노해

狗吠 개즛다 ○ 노해 후챠뮈

猫兒 괴 ○ 미키。

獸有胎 즘싱삿기비다 ○ 보고수지

貂鼠 돈피 ○ 부라가

黃鼠 족졉이 ○ 우터 又 貴

鼢鼠 두더쥐 ○ 노몬

鼠鑽孔 쥐구무 듧다 ○ 후루가나 일가뮈

猪 돋 ○ 가해

搖尾把 꼬리 티다 ○ 부쿠룩러뮈

狗滓子 개삿기 ○ 구루거 又 나모눈

狗連 개흐루다 ○ 오로골두뮈

家畜 집의기르는즘싱 ○ 터지거부리

猪圈 돋희우리 ○ 가해 연 호리골。

牲口泅水 즘싱헤음ᄒᆞ다 ○해바뮈

熟過皮 닉인가족 ○일。기

鹿皮 ㅣㅣ ○우라수

漢羊皮 ㅣㅣㅣ ○성서

灰鼠皮 셔피 ○커러무

猪皮 ㅣㅣ ○가해 연 술。

青黍皮 ㅣㅣㅣ ○쿠커 사리수

皮條 가족오리 ○오고솔

揉搓 가족부븨다 ○아라수 누。흐뮈

斑 어롱 ○비덜

燖毛 털지오다 ○쥴。가뮈

牛皮 쇠가족 ○우컬 ㄒ술。

羊皮 ㅣㅣ ○녀게

山羊皮 ㅣㅣㅣ ○이마간 ㄒ녀게

風毛 소옴치 ○노고롤

皮股子 치란 ○사가리

熟皮 가족닉이다 ○얼。더뮈

劗皮 무듸질ᄒᆞ다 ○랄。기뮈

毛皮 털잇는가족 ○워수루

水族

龍 ー ○ 루° 魚 믈고기 ○ 지가수

鯉魚 ーー ○ 믈쿠 秀魚 ーー ○ 우쿠리

鯋魚 ーー ○ 두란 지가수 鰱魚 ーー ○ 타후

魴魚 ーー ○ 해가 鱸魚 로어 ○ 사갑하

大口魚 대구 ○ 화쿠 지가수 銀魚 ーー ○ 뭉군 지가수

鱔魚 드렁허리 ○ 모개 지가수 比目魚 가잠이 ○ 할°피니

鮎魚 메유기 ○ 출°불루 鯽魚 부어 ○ 걸°터거

麵條魚 빙어 ○ 챠간 지가수 小魚 쇼쳔어 ○ 쟐마 지가수

河魨 복 ○ 홋하 魚子 고기알 ○ 투리수

魚擺子 고기알스다 ○아틀。챠위

魚鰾 부레 ○챠봐

魚鱗 비놀 ○핼수

魚躍 고기뛰다 ○촐。기뮈

王八 쟈라 ○락 머러게

蚌蛤 죠개 ○합 지가수

海蔘 ㅣㅣ ○키지미

螃蠏 게 ○내말。지

田鷄 머고리 ○모린 머러게

蝌蚪 올창이 ○시나간 호로해

魚兒白 일의 ○널구。

魚刺 고기가싀 ○하가다수

鯨 고래 ○보 지가수 一云하리무

烏龜 거복 ○야수투 머러게

螺螄 쇼라 ○골。ㄸ 어머건 후무수

海紅 홍합 ○이바

石鰲 가재 ○쟈야

蝦蟆 두텁이 ○머러게

蝦兒 새요 ○삼 호로해

昆虫

蟒 이굴헝 ○아불구 모개

長虫 ᄇᆞ얌 ○모개

馬蛇子 도마ᄇᆞ얌 ○굴벌。

蟠繞 서리다 ○오로가뮈

蜿蜒 굼틀굼틀ᄒᆞ다 ○오로발。쟈뷔

大蝴蝶 범나븨 ○얼버케

蝴蝶兒 나븨 ○얼벅치

撲燈蛾 부나븨 ○이두한 얼버케

螢火虫 반도 ○갈。투 호로해

蚕子 누에 ○쿠리 호로해

蜜蜂 ᄭᅮᆯ벌 ○발。투 쥬게

馬蜂 몰벌 ○모린 쥬게

螫了 ᄡᅩ다 ○한후뮈

秋蟬 ᄆᆡ얌이 ○질키라

蜻蜓子 존자리 ○위루머 후라개치

螞蚱 뫼ᄯᅩᆨ이 ○챨챠해

螳螂 어영가싀 ○터멀。지거너

斑猫 갈외 ○쟝△챠 호로해

糞蜋 몰똥구으리 ○쇼호 호로해

虫子 버레 ○호로해 一云시바지

虹蟧 귓도람이 ○끌타 연구얼져거너

蒼蠅 픠리 ○이라가

狗蠻 진되 ○후빌쟈가나

白蚱 쉬 ○셔

下子 蚱쉬스다 ○셔 샤츄바

蚊子 모긔 ○바타가나

夏蚣 등의 ○쿠커 투루

蝎子 全蝎 ○키린쳐투 호로해

蝸牛 돌팡이 ○부러거 호로해

蝗虫 ㅣㅣ ○쿠루 호로해

馬蝗 거머리 ○타실 호로해

螞蟻 가얌이 ○실골지

蚯蚓 지룡이 ○우니 호로해

蜈蚣 진에 ○우궁

蜘蛛 거믜 ○아갈지

虱子 니 ○뷔거수

蟣子 셔 ○키굴수

八脚子 발소면 ○하칙

蛇蚕 벼록 ○노해 뷔거수

金蚫 박회 ○쟝랑 호로해

壁虱 빈대 ○빗ㅿ 호로해

叮了 니무다 ○뷔거수 쟈구뮈

蛆虫 귀덕이 ○워투

蠐螬 굼벙이 ○워툭 호로해

蛀虫 좀 ○쿠린

陰生虫 ᄒᆞᄅᆞ사리 ○더럭치

樹木

樹 나모 ○모도

椿樹 츈나모 ○니츄군 호보로

松樹 소나모 ○나라수 모도

松針 솔닙 ○실도수

匾松 측빅 ○매라수 모도

檜松 젓나모 ○가츄라 모도

油松 잣나모 ○호시 모도

杉木 잇개나모 ○취굴수 모도

梧桐 ㅣㅣ나모 ○우퉁 모도

桑樹 뽕나모 ○이라마 모도

柳樹 버들 ○우다

柳絮 버들가야지 ○웅가릴。

白楡尌 느름나모 ○해라수 모도

刺椿尌 엄나모 ○손도 모도

椵木 피나모 ○도모

花椒尌 젼쵸나모 ○화지요 모도

茶條尌 싯나모 ○부둑。 ㄸ 모도

暖木 황벽나모 ○호보로 모도

苦理木 무푸레 ○호로투 보로。 모도

木根兒 불희 ○운두수

垂楊 ㅣㅣ ○운。지길 우다

白楊尌 ㅣㅣ나모 ○우랴수 모도

刺楡尌 스믜나모 ○손도 투 해라수

槐樹 회화나모 ○홰스 모도

樺皮尌 봇나모 ○후수 모도

莢藜木 주엽나모 ○우걸 손도

蘓木 다목 ○너굴수 모도

柞木 ᄎᆞᆷ나모 ○챠라수 모도

秋景 丹楓 ○바루 챠간

木心 고긔양 ○모돈 ㅜ 골。

樹木

木理 나모 결 ○모돈 ᅮ 수달。 板子 널 ○합타개 모도

樹津 나모 진 ○모돈 ᅮ 시구수 樹皮 나모ㅅ 거플 ○모돈 ᅮ 두루수

幹條 줄기 ○어시 ᄋᆞ文倫 枝條 가지 ○사라가

樹節 나모 ᄆᆞ디 ○모돈 ᅮ 우여 樹子 節 나모 공이 ○모돈 ᅮ 거시구

葉兒 닙 ○납치 葉黃 닙 누르다 ○납치 시라라뮈

彫落 ㅣㅣ ᄒᆞ다 ○쥬구라뮈 虫蛀 나모 좀 먹다 ○알루바

竹 대 ○후루순 모도 荊條 ᄡᆞ리 ○튀방 모도

藤蘿 딩딩이 너출 ○오량구 져러 林 수풀 ○시귀。

山林 𣗳木 ᄒᆞᆫ 딕 거 ○외 叢 퍼괴 ○부타

稠密 빅다 ○닉타 稀罕 드므다 ○세럭

稀疎ᄒᆞ다 ㅣㅣ ○타라막

花草

花 곳 ○치칙 一云 椆척

蓮花 ㅣㅣ ○린화 치칙

牧丹모란 花곳 ㅣㅣ ○만다라丅와 치칙

芍藥 花곳 ㅣㅣ ○쳐너 치칙

海棠 花 ㅣㅣ ○해탕 치칙

薔薇 花 ㅣㅣ ○샤물 치칙

香氣두견 花화 ㅣㅣ ○숍시굴 치칙

金錢 花 ㅣㅣ ○죠곳 치칙

桂花 ㅣㅣ ○귀 치칙

梅花 ㅣㅣ ○믜 치칙

菊花 ㅣㅣ ○시라 온바라

葵花 ㅣㅣ ○하루 시칙

鳳仙 花 ㅣㅣ ○후우순 북욱 치칙

鷄冠만도 花람이 ㅣㅣ ○우라불 알귀

紅花 ㅣㅣ ○굴굼 치칙

莘荑 花 ㅣㅣ ○권단 치칙

花乳頭 곳봉오리 ○ 츈모릭

咕嘟結了 봉오리 맺치다 ○ 츈모릭투지

花朶 곳송이 ○ 킈ᄉ

花鬚 곳여희 ○ 도골촉

花蒂 곳다대 ○ 치칙 ᄃ 골수

花叢 곳퍼괴 ○ 치칙 ᄃ 함홀

花綻 곳봉오리버다 ○ 치칙 덜거러뮈

花開 곳픠다 ○ 치칙러뮈 一云 치칙 너거뮈

花謝 곳지다 ○ 치칙 쥴구라뮈

草 풀 ○ 어버수

蘭草 ㅣㅣ ○ 란 어버수

忘憂草 萱草 ○ 말타후 어버수

根子 人參 ○ 쿰운 엄 一云 올호매

參鬚 미숨 ○ 쿰운 엄 사할

參蘆 노두 ○ 쿰운 엄 쟐가수

玉蜀蜀 옥슈슈 ○ 얼더니 시시

艾草 쑥 ○ 쉬하 一云 시랄지

蓬蒿 다북쑥 ○ 함홀

茜草 곡도송 ○ 부두후 어버수

銼草 속새 ○ 시버리 어버수

菖蒲 ㅣㅣ ○져거수

蒲草 부들 ○굴발지。

水葱 골 ○우순 숑기나

青苔 잇기 ○칙、

浮萍 草ㅣㅣ ○우나간 丁투루구

蓽子草 골 ○후루수

荻草 달 ○우더 투 챠간

茅草 뛰 ○우랄。지

薥稭 슈슈ㅅ대 ○시시 어시

莠草 기옴 ○우리、연 서굴。

莎草 쟝뛰 ○사할。어버수

生草 쏠 ○쿠거 어버수

稻草 니ㅅ집 ○투룰가 연 어버수

穀草 조ㅅ집 ○호흑 부다가 연 어버수

爬山虎 담쟝이 ○아바리후 어버수

菰藤 너출 ○쿠거너

菰蔓 손 ○져러

蓖蔴 피마ㅈ ○보로 마지

葛藤 츩 ○졀리 오로수

檾麻 어저귀 ○키마

麻 삼 ○오로수　練麻 슉마 ○볼곡산 오로수

小藍 족 ○부둑　益母草 ㅣㅣ ○덜벌지 어버수

雜語

大槪 ㅣㅣ ○얼덥러버츄　始 비로소 ○어키럴

爲始 시작ᄒᆞ다 ○어긋거위　初頭 처음 ○툭탐

當初 ㅣㅣ ○우리다 又몬져　當先 몬져ᄒᆞ다 ○우리타위

在前 증젼 ○우리두　元來 본ᄃᆡ ○욱 타간

將來 ㅣㅣ ○회치　未然前 못ᄒᆞᆫ젼 ○우린 又以前

預先 미리 ○우리다사　預先了 미리ᄒᆞ다 ○우런치라위

這一向 요ᄉᆞ이 ○어너 우찰　曩時 져적의 ○거져네

暫時 잠깐 ○툴컨 一云후룸한

就 겨릐 ○치챠

頃刻 ㅣㅣ ○쟈구라

纔 ᄀᆞᆺ ○워누권 一云뭐누

有些時 이옥고 ○너련

現今 시방 ○오도

到今 엿태 ○오도 볼타라 一云어두거 볼타라

早已 벌셔 ○겨뒨 又임의

就是 즉시 ○터두 一云이누 쿠 又곳

多站 언지 ○거져

方可 뵈야흐로 ○사야한 一云새

原來 샹풍 ○우져서

或是 그런가 ○베져

或 ㅣ ○니거니권 一云어서버수

萬一 ㅣㅣ ○컬벌 一云컬버 又힝혀

一定 벅벅이 ○이루

該當 응당 ○쥬ㅣ 얼

常 덧덧이 ○바사쿠 又미양

必定 반드시 ○얼거 우게

何如 엇더ᄒᆞ뇨 ○야말

沒奈何 무가내하 ○ 오토한츄 볼후 우게

罷不得 부득이 ○ 알가 우게

能幾何 언머치 ○ 뎌권두 커뒤

如何得 엇디시러곰 ○ 야가큰 올。쥬

怎麽 엇디 ○ 야키지

怎的麽 엇디ᄒᆞ여셔 ○ 엳고내

甚麽 무슴 ○ 야말한

怎樣 어인 ○ 야가키남

怎麽呢 어이ᄒᆞ리 ○ 야구키뮈

怎麽說 무어시라 ○ 야구거쥬

說甚麽 무어시라ᄒᆞ더니 ○ 야구거뮈

怎麽樣 엇디ᄒᆞ리 ○ 야감

那裏的 어듸ㅅ것 ○ 하미가키

這裏 여긔 ○ 어군 둘

那裏 져긔 ○ 터군 둘

去處 곳 ○ 오론

此處 이곳 ○ 어너쿠

那處 져곳 ○ 터러쿠

這樣 이리 ○ 에무

這樣的 이러틋 ○ 이미

那様 뎌리 ○테무

那様的 뎌러틋 ○치미

何處 어듸 ○하미가

從那裏 어듸로셔 ○하나사

那裏去 어듸로가ᄂᆞ다 ○하시 오두뮈

打別處 다른듸로 ○부수터시

于何 무어세 ○야군 둘

向他 향ᄒᆞ여 ○쥭

白白 그저 ○새

白白的 부절업시 ○더메러

枉自 쇽절업시 ○호고수갈

狠 ᄀᆞ장 ○아수루 一云아다바시

忒 너무 ○오고

至極ㅣㅣ히 ○마시 一云마시다 ○又아조

永永ㅣㅣ ○니거무순

永遠 기리 ○어구리더 ○又五常之常

全然 아조 ○옥토

胡亂 간대로 ○더메 ○又옹망ᄃᆞ되이

忽然ㅣㅣ히 ○거븐더컨 一云거븨려 ○又믄득

適然 니도이 ○칭하

再再的 누누히 ○ 밴밴

再 다시 ○ 지치

共同 대되 ○ 부구더

一塊兒 ᄒᆞᆫ가지로 ○ 함투 一云 함투벌 又 더부러

一齊 ᄒᆞᆷᄭᅴ ○ 츄 一云 츄갈

姑且 아직 ○ 톨

且住 날회라 ○ 톨 배쟈 一云 톨 배쟈나

但是 다만 ○ 각쟈 一云 당

獨自 호올로 ○ 워누친

都是 다 ○ 췀

全 오로 ○ 부린

也是 ᄯᅩ ○ 바사

一倂 ᄀᆞᆺ재 ○ 태니

多多的 ᄀᆞ득 ○ 두구령

儘一儘 잇ᄀᆞᆺ ○ 이낙시한

一骨腦子 도모지 ○ 네터 一云 네터 네굼

盡數 몰속 ○ 다ᄀᆞᆺ한 一云 비터걸

到底 나죵내 ○ 얼겁시

畢境 ᄆᆞᄎᆞᆷ내 ○ 어거녁터

凡 무릇 ○ 아리바

撲撲 온갓 ○ 얼°덥 一云하무

千般萬次 온가지로 ○ 얼°덥런

越發 더옥 ○ 넝

險些兒 ᄒᆞ마 ○ 아래 一云아래한

尚且 오히려 ○ 치기

況且 ᄒᆞ물며 ○ 더군 어쳐 배투개

徒然 ᄒᆞᆫ갓 ○ 곤지

想着是 싱각건대 ○ 랍

罷字口氣 ᄒᆞ여시리라 ○ 뷔 져ᅀ

寡是 샌 ○ 치니거벌 一云야링

而已 ᄯᆞ름 ○ 거버츄 一云바하나

所由 탓 ○ 하라가

挑釁 핑계ᄒᆞ다 ○ 워 키뮈

倸憑 임의 ○ 두라

倸憑了 임의로 ○ 두라벌

故意 부러 ○ 죠리막 一云죠리마갈

敢 감히 ○ 애시 우게 ○又生心이나

罷呀 마라 ○ 부러세

別 말라 ○ 비터게

遆兒口氣 아나 ○ 마

一回完 잇다가 ○바치한

管你麼 네아랑곳가 ○치마두 얀 하먀

不中用 쁠듸업다 ○커럭 우게

相干 간셥 ○하먀

不相干 간셥지아니타 ○하먀 우게

何干 관계ᄒᆞ랴 ○여두비

不妨 관계치아니타 ○개귀 云개 우게

依舊 녜대로 ○얼련 요수갈

支支吾吾 이리져리 ○어너권 훠러권

撈把住 되ᄂᆞᆫ대로 ○노쵸 노쵹사갈

索性 이러나져러나 ○바리 챠시

幾乎 거의 ○시하바

及着到 다ᄃᆞᆺ도록 ○쿨러라

遣是 마즘 ○다마라츄

倒是 도로혀 ○하린 云닝던

不覺的 얼넌덧 ○아직 우게

正一 히 ○하라한

剛剛的 계유 ○아라한

未到完 못지못ᄒᆞ여셔 ○바라ᄒᆞ 연 올다

咳未 못ᄒᆞ엿다 ○어뒤

豈有此理 이럴리이시라 ○어서두선

以來 부터 ○이낙시

爲此 일로ᄒᆞ여 ○투라

統一 ㅣㅣᄒᆞ다 ○함툰하뮈

從今以後 이후는 ○어군쳐 회시

創設 창셜 ○튱굴이

元年 ㅣㅣ ○앙하 질。

存亡 ㅣㅣ ○독타니후 무쿠쿠

中途 즁간ᄌᆞ음 ○쟈굴마

廢 ㅣᄒᆞ다 ○재라구루뮈

中途而廢 ㅣㅣㅣㅣᄒᆞ다 ○쟈굴마라뮈

以上 ㅣㅣ ○어군쳐 더거러

以下 ㅣㅣ ○어군쳐 도라

除此之外 이밧긔 ○어군쳐 가다나

我 내 ○비

我的 나의 ○미누

我的東西 내거시 ○미누게

比我 내게셔 ○나다사

我們 우리 ○비다

我們的 우리의 ○만 丁

我們根前 우리의게 ○만둘

伱 너 ○치

伱的 너의 ○치누

於伱 네게 ○치마둘

把伱 너를 ○치마기 오ㅊ블로

伱們 너희 ○타

伱們的 너희의 ○탄 ㄱ

他 저 ○워버런

他的 저의 ○워버레 니

他們 저희 ○터더걸

他們的 저희의 ○터더걸 ㅍ

誰 누고 ○컨

誰的 뉘것 ○커네키

別人 남 ○쿠네

別人的 남의것 ○쿠네키

他人 다룬이 ○부숫

那的 어니 ○아리

此輩 이들 ○어더 一云어더걸

那人班 저들 ○터더

同年同類們 ○남

輩 뉴들 ○아랃

這箇 이 ○어너

兩箇人 둘히 ○호야구ㅣ라

相對 마조 ○어설쿠

快快 샐니 ○훌둔

打急 급히 ○틀건

快些兒 수이 ○원털

惶忪 ㅣㅣ ○멍던 상단

倍倍 뎌뎌로 ○우여 우여 벌 一云우여 하ㅣ란

連絡 니음ᄃ라 ○다라 다라 갈 一云쟐。갈다갈

羣 무리 ○수룩

那箇 져 ○텨러

彼此 서로 ○하릴。챤

位 무어사 ○어겨

快着 샐니ᄒ다 ○훌투ㅣ라뮈

急着些 급히ᄒ다 ○틀거ㅣ러뮈

忪啊 밧부다 ○야가라뮈

打次次 太太로 ○우ㅣ람 우ㅣ람 ㅣ열

漸漸的 졈졈 ○우ㅣ람 우ㅣ람한 一云삼 삼 ㅣ열

重重 거듧 ○답탄 답탄

壘壘ㅣㅣ ○다킨 다킨
層層ㅣㅣ ○절거 절거

各自各自 각각 ○위벌 위벌 正 一云툿 툿
遭遭見 조로 ○올굴지。

扯常 넌네 ○다라갈
比彷 견조다 ○아다린 하뮈

等ㅣ ○절거
一樣 ᄀᆞᆺ다 ○아다리 一云머루

彷彿ㅣㅣᄒᆞ다 ○아다리샤뮈
異 다ᄅᆞ다 ○워거러

別 별로 ○툿란
特別 이ㅣㅣ ○툿해란

難 어렵다 ○켜쳐쿠 옷잘ᄒᆞ다
易 쉽다 ○킬발

吉兆ㅣㅣ ○벌거。
祥瑞ㅣㅣ ○개함식

兆胎 징됴 ○이롸
機會ㅣㅣ ○투하

遭機 긔회만나다 ○투하라뮈
逢時 ᄣᅢ만나다 ○챠 투샬。두뮈

天數 ㅣㅣ ○후비 죠괃 ○又因緣

奇哉 긔특ᄒᆞ다 ○개함식태

得名 ㅣㅣᄒᆞ다 ○너러올。바 一云너러아부바

名聲 소문 ○알。달

吉 ㅣᄒᆞ다 ○샌 ○又죠타

興起 ㅣㅣᄒᆞ다 ○덕지버 一云쿡지빠

壞了 문허지다 ○엄더러뮈

破了 새여지다 ○하가라뮈

折了 브러지다 ○후가라뮈

敍了 금조이다 ○쟈바투뮈

天蔭 음덕 ○비터구 얼덤

稱奇 긔특이너기다 ○개하뮈

垂名 일홈드리오다 ○너러 호쵸로뮈

有名頭 소문나다 ○알。달시뮈

凶 ㅣᄒᆞ다 ○마구 ○又죠치아니타

送面皮 션믈드리다 ○덕지 웍구뮈

塌陷 새지다 ○쿵쿼뮈 ○又우구러지다

碎了 ᄇᆞᄋᆞ지다 ○검커러뮈

斷絕 ᄭᅳᆫ허지다 ○타수라뮈

綻開 러지다 ○덜。버러뮈

隙 틈 ○앙

艌縫 通稱 틈 메오다 ○칙」러뮈

塡滿 메다 ○이루뮈

硏碎 즈긔치다 ○니쟈치뮈

打破 깨티다 ○하가」루뮈

斷了 근타 ○타수」루뮈

撕開 쯧다 ○우루뮈

緊的 緊 잔ᄉ두 ○약시타」라

絟着 미다 ○우야뮈

綑着 동이다 ○쿠」러수」러뮈

有縫 틈나다 ○앙투뮈

塡了 메오다 ○탁」라뮈

扭插 트러막다 ○북」러뮈

拿折 브르지르다 ○옥쵸로구」루뮈

折斷 색다 ○후구」루뮈

砍截 조르다 ○하수뮈

連了 닛다 ○잘。감지」라뮈

牢的 牢 돈돈이 ○칭가약

挾絟 새미다 ○홀。보뮈 ○又 빠지ᄉ다

綁着 결박ᄒᆞ다 ○쿠」리뮈

解 푸다 ○태루뮈

鬆了 민것누다 ○사가라뮈

貼上 붓티다 ○나갈두구루뮈

掛着 거다 ○얼구뮈

空了 뷔다 ○호고슌

滿了 ᄀ득ᄒ다 ○두구루뮈

長了 기다 ○울투

短了 져ᄅ다 ○오홀

薄了 엷다 ○님언

張大 크게ᄒ다 ○이권커뮈

纏繞 감다 ○오랴뮈

鬆寬 버슴ᄒ다 ○수라

遮蔽 ᄀ리오다 ○할하라뮈

脫卸 버서지다 ○알다라뮈

心空 속궁그다 ○쿤데

凹着 골타 ○박타뮈

長見 ᄡᅳᆫ길즉이 ○울투한

厚了 두텁다 ○쥬쟈간

碎小 ᄌᆞ다 ○바가

整的 왼것 ○부쿠리

寬濶 너르다 ○월건　窄了 좁다 ○입초

圓了 두렷ᄒᆞ다 ○투구릭　直了 곳다 ○시둘구

偏了 기오다 ○하쟈개　彎了 휘여지다 ○가지뮈

下垂了 通稱 느러지다 ○납택산　歪了 실긔다 ○하채뮈

斜了 빗기다 ○쥐리구러둔뮈　吊下來 ᄯᅴ려지다 ○우나뮈

稜兒 모 ○털벌진　匾的 넙죽ᄒᆞ다 ○합타개

彎的 구븐것 ○무뤼태　有方的 귀진것 ○원쵹테

橫 ᄀᆞ로 ○쿤더련　縱 셰 ○굴두

囘隔 간막이 ○타샤랍치　隔斷 간막다 ○타샤라뮈

團堆 둥구러케ᄡᅡ타 ○우보가라뮈　積堆 ᄡᅡ타 ○츄챠라뮈

交擰 뷔트다 ○무시키뮈 又우기다

綑了 묵다 ○여구지러뮈

潮了 축축ᄒᆞ다 ○치긱투뮈

蔭開 저저퍼지다 ○웅구두뮈

滲透 비다 ○싱거뮈 又飮食사긔다

濕了 젓다 ○노로뮈

使濕 적시다 ○놀가뮈

雨透 비ᄉᆞ뭇다 ○쳘체뮈

滋了 븟다 ○쿠거뮈

使沉 잠그다 ○시러머더뮈

使浸 ᄃᆞ무다 ○더더거뮈

敲了 두드리다 ○쵸키뮈

乾了 므르다 ○하구래라뮈

使乾 몰뢰오다 ○하구래라구루뮈

陰乾 ｜｜ᄒᆞ다 ○컨시러뮈

乾硬 몰라ᄃᆞᆫᄃᆞᆫᄒᆞ다 ○하타뮈

曝晒 볏히몰뢰오다 ○억시거뮈

洒水 물ᄲᅮ리다 ○워수루뮈 又ᄲᅮᆷ다

抖抖 ᄯᅥᆯ치다 ○실비뮈

張開 펄치다 ○덜거뮈

委任 맛지다 ○투샬。가뮈

信他 미더ᄒᆞ다 ○이터거뮈

靠了 밋다 ○웜투뮈

尋尋 求ᄒᆞ다 ○어리뮈 又ᄎᆞᆺ다

報應 ㅣㅣ ○하리구랄。

報了 갑다 ○하리구라뮈

護庇 보젼ᄒᆞ다 ○하마가라뮈

扶持 븟드다 ○텬구뮈

幇助 돕다 ○투사라뮈

催催 지촉ᄒᆞ다 ○시바다뮈 一云 샤갈다뮈

遮掩處 그윽ᄒᆞᆫ듸 ○뉘무리

幽 그윽ᄒᆞ다 ○니구챠 一云 비러구

察看 ᄉᆞᆲ피다 ○키나뮈

明白了 명빅히ᄒᆞ다 ○토돌해라뮈

顯然 ㅣㅣ ○이렬게

顯揚 나타나다 ○이렬게러뮈

暴露 두두러지다 ○불탠 갈바

露出 긔식드러내다 ○머덕더뮈

窮寒 헐버서칩다 ○다가라뮈

手寒 손스리다 ○갈 지커구쳐뮈

耳面俱東 쌈귀ᄃᆞ다 ○이서루뮈

教勞 슈고롭ㅅ게ᄒᆞ다 ○쥬더구루뮈

折銳 예기석다 ○울맛 후구루뮈

改變 변ᄒᆞ다 ○후빙후뮈

有益 ㅣㅣ ○투사

聲息 긔척 ○치머거

探信息 긔별듯보다 ○머더거러뮈

瑕垢 ᄯᅴ ○섭

汚了 더럽다 ○부쟐

漏 시다 ○두°수뮈

不耐 겨ᄂᆡ지못ᄒᆞ다 ○다가간 치덕후 우궤

教苦 괴롭ㅅ게ᄒᆞ다 ○죠바가뫼

撒給 펴주다 ○투거뮈 又賑濟ᄒᆞ다

變了化 변화ᄒᆞ다 ○후빌°후 울°바리뮈

句足 흡족ᄒᆞ다 ○쿠룰°셔뮈

消息 ㅣㅣ ○쟝기 一云머더거

瘢點 틔 ○킬 又몬지

染糙 ᄯᅥ울르다 ○섭투지

汗沾衣 ᄯᆞᆷ옷시비다 ○샬°비지

可惜 앗갑다 ○해라한

耿耿 ㅣㅣ ○지룹 쟐룹

紛紛 ㅣㅣ ○불긴 발긴 一云샬 샬

碌碌 ㅣㅣ ○볼。쵸올。 키쥬

寂寂 ㅣㅣ ○입 칩

蕭蕭 ㅣㅣ ○쳥거걸

沛然 ㅣㅣ ○훌치기너쥬

雷聲樣 우루루 ○쿵굴

皓白 허여게 ○챱 채마

光明 멀거케 ○치하라쥬

窸窣 빅빅 ○익츄

環佩聲 징강징강 ○하랑 키랑

清寒 ㅣㅣ ○훌학

寒心 ㅣㅣᄒᆞ다 ○우쿠시러러 어치버

凄涼 ㅣㅣᄒᆞ다 ○호볼

靜 고요ᄒᆞ다 ○칩키뮈

果然 ㅣㅣ ○우너런

偶然 ㅣㅣ ○하야

自然 ㅣㅣ ○우버런 조릭 一云칭기지 ㅣ열

古怪 괴이타 ○ᄆᆞ구해

沉惑 ㅣㅣᄒᆞ다 ○시누뮈

太過 과히 ○ 커투 又춤남

太過了 과ᄒᆞ다 ○ 커투러지 又出衆ᄒᆞ다

可危 위티ᄒᆞ다 ○ 투실리。

不幸 ㅣㅣ ○ 커식 우게

辛苦 ᄒᆞ다 ㅣㅣ ○ 죠반 쥬뎌쿠

倉卒 ㅣㅣ ○ 바치막

朦朧 ㅣㅣ ○ 부루게

倒懸 ᄒᆞ다 ㅣㅣ ○ 터쿠쉬구 얼구뮈

優劣 ㅣㅣ ○ 이러쿠 도로

緩急 ㅣㅣ ○ 투권 알굴。

狼狽 ㅣㅣ ○ 합치구리

意外 ㅣㅣ ○ 산난 어쳐 가다나

平生 ㅣㅣ ○ 앙쥬 투루쿠 죠곤쿠

平常 녜ᄉᆞ ○ 알살

合 다ㅣᄒᆞ ○ 네러구루뮈

兼 다ㅣᄒᆞ ○ 합수루뮈 又아오로다

可 다ㅣᄒᆞ ○ 보로뮈。又무던ᄒᆞ다 又닉다

不可 ᄒᆞ다 ㅣㅣ ○ 불ᄒᆞ 우게 云보로시 우게

沒趣兒 ᄌᆞ미 업다 ○ 심타 우게

衰殘 ᄒᆞ다 ㅣㅣ ○ 서쉬。우쥬구러

一件 ᄒᆞᆫ벌 ○니거 쥘。

一辦 ᄒᆞᆫ쪽 ○니거 컬텃

往那邊 져마작 ○차시

剩 ᄂᆞᆷ기ᄢᅳ다 ○우러더거뮈

現成的 시방잇ᄂᆞᆫ것 ○버런

普 왼 ○쿱칠

背地理 못보ᄂᆞᆫᄃᆡ ○어치너

爲着 삼다 ○볼。가뮈

不識 아지못게라 ○ᄒᆞ루베

有條 됴리잇게 ○쥐 죠킷 ㅣ열

籌數 쥬두어혜다 ○토고치뮈

遺下 깃치다 ○우러거뮈

激他 격동ᄒᆞ다 ○웜너뮈

合卯 업펴놋타 ○쿠무리뮈

文采 ㅣㅣ ○양쥬

伏聞 ㅣㅣᄒᆞ니 ○구뒤쥬 소놋버수

捨命 목숨ᄇᆞ리다 ○아민 구지러뮈

差錯 ㅣㅣ ○차라갈

慣水土 슈토에닉다 ○이더거시버

相與 의ᄯᅳᆺ맛다 ○이지리두뮈

天庇 하ᄂᆞᆯ이 돕다 ○이버거뮈
迷失路 길일타 ○잠· 투구리뮈
震耳 소릭귀예 막질니다 ○치키 둥기너뮈
爲頭 ㅣㅣᄒᆞ다 ○터리구러뮈 一云다루가라뮈
時際 즈음 ○우찰
違悞 어긋나다 ○사가타뮈
教固 굿게 ᄒᆞ다 ○버키러뮈
帶領 거ᄂᆞ리다 ○아부뮈 又取ᄒᆞ다
預度 ㅣㅣᄒᆞ다 ○투수뮈
震動 ㅣㅣᄒᆞ다 ○둘기뮈
遷延 ㅣㅣᄒᆞ다 ○둘。키뮈
官馬 ㅣㅣ ○알。반 丁 모리
自馬 私馬 ○버여 모라
幌一幌 번드기다 ○지릅키뮈
屬 ㅣᄒᆞ다 ○하랴투
脩了 닥다 ○쟈사쟈가뮈
嘯了 슈피람 ᄒᆞ다 ○오키라뮈 一云하시히나
當 ㅣᄒᆞ다 ○다가가뮈 又싯다
臨 ㅣᄒᆞ다 ○웜게뮈 又숩파ᄒᆞ다
每 人之每 마다 ○투툼

趁早 일즉이 ○얼터컨

迴來 도라오다 ○어거뮈 一云하리아러뮈

嘲戲 죠롱ᄒᆞ다 ○설텅투뮈

潑水 엽치다 ○앗하뮈

開荒 받일우다 ○타라랑하가루뮈

使豎 세오다 ○족소가뮈 一云배굴。바

橫行 ㅣㅣᄒᆞ다 ○쿤더런굴。두야부뮈

守歲 과셰ᄒᆞ다 ○질。키뮈

非常 ㅣㅣᄒᆞ다 ○워거러쥘。

要緊 ㅣㅣ ○치후라

光光 구경ᄒᆞ다 ○죠곡키뮈 一云죠가키뮈

討化 비럭질ᄒᆞ다 ○귀린치라뮈

處處有孔 곳곳지구무나다 ○누키투뮈

班首 항슈 ○다루가라산쿠문

私 ᄉᆞᄉᆞ ○워거린

消滅 ㅣㅣᄒᆞ다 ○남하라뮈

指示 손으로ᄀᆞᄅᆞ티다 ○지가뮈

貴庚 ㅣㅣ ○야말질。태

屬的子 子生이라 ○후루가나질。태

在罷呢 이시라 ○악툰

由 말미암아 ○요소갈라쥬　得 시러곰 ○올。쥬

使 ᄒᆞ여곰 ○쟈루쥬　能 능히 ○치다뮈 又 일오다

因 ᄒᆞ여 ○볼。쥬　寧 ᄎᆞᆯ아리 ○커머쿠 어쳐 배투개

盡 ᄒᆞ다 ○다구수뮈　全備 ᄒᆞ다 ○부리두뮈

完了 ᄆᆞᆺ다 ○바라뮈　完畢 完了 다ᄆᆞᆺ다 ○터구수뮈

停止 그치다 ○배가

蒙語類解下卷終

蒙語類解

補

蒙語類解

補編 三

蒙語類解補編目錄

布帛補　買賣補　爭訟補　戲玩補
罵辱補　飛禽補　走獸補　水族補
昆虫補　樹木補　花草補　雜語補

蒙語類解補編

天文補

上天 ㅣㅣ ○더거두 텅거리

淸天 묽은하놀 ○거거건 텅거리

晨光現 먼동트다 ○거러 시라라바

日升 히도ㅅ다 ○나란 만두바

日照 히ㅅ빗쏘이다 ○나란 길바바。

日微斜 히젹이기우다 ○나란 컬베버。

日大斜 히만이기우다 ○나란 컬버리버。

明月 붉은돌 ○거거건 사란

月芽 돌초싱되다 ○사란 하비수라바

月暈 돌모로ᄒᆞ다 ○사란 쿠려러버

月食 ㅣㅣᄒᆞ다 ○사란 바리뮈

月暗 돌흐리다 ○사란 부루케

月落 돌디다 ○사란 바구바

老人星 ㅣㅣ ○쿠문 오돈

昴星 ㅣㅣ ○머친 오돈 又彗星

雲布 구룸찔리다 ○어구러 투거버

霧沉 안개ㅅ초지다 ○부당 툰바

下濃霧 안개ᄌᆞ옥ᄒᆞ다 ○룩 키쥬 부당툰바

天鼓鳴 天動ᄒᆞ다 ○텅거리 둘킬ᄅ위

轟雷 ᄆᆡ이우레ᄒᆞ다 ○둘킬。 ㄸ 도가루위

電光閃灼 번게번듯번듯ᄒᆞ다 ○챠킬균。 갈랏ᄏ루

雨點 비ㅅ발 ○보로간 ㄒ 두술。

下雨點 비듯다 ○보로간 두수위

滂沱雨 비ᄆᆡ이오다 ○홀치가쥬 오로위

雨起泡 비ㅅ방올지다 ○보로균 홍오투위

傾盆雨 비담아븟드시오다 ○칠훈 오로위 一云앗하란 오로위

雨霑足 비흡족ᄒᆞ다 ○보로균 다가바

雨少停 비머즉ᄒᆞ다 ○보로균 자리라바

晴明天 청명ᄒᆞᆫ날 ○둘。 어둘

露凝 이슬엉긔다 ○시구더리 톡타지

雪片 눈ㅅ발 ○랍사

下米心雪 ᄡᆞᆯ눈오다 ○사츄라위

風揚雪 눈보라치다 ○부타라위

游絲 아즈랑이 ○아갈진。 ㄒ 시루수

簷凌 곳어름 ○십할투지

簷冰垂凌 곳어름지다 ○홍골챠투지

時令補

雨水 ── ○호라 우수

驚蟄 ── ○이쳐선 쿠더루뮈

穀雨 ── ○타라랑 ㄷ 호라

立夏 ── ○쥰ㆁ 아굴 오로뮈

小滿 ── ○우츄컨 두구령

芒種 ── ○부구대 보로뮈

處暑 ── ○설리군 보로뮈

白露 ── ○챠간 시구더리

霜降 ── ○키랴구 우나뮈

冬至 ── ○어불。 ㄷ 퉐。

小寒 ── ○우츄컨 퀴턴

大寒 ── ○이커 퀴턴

初伏 ── ○앙한 ㄒ 챠간 닉국달。

中伏 ── ○둠다두 챠간 닉국달。

末伏 ── ○어츄ㄷ 챠간 닉국달。

昔日 녯날 ○우리두 어둘

上月 지난돌 ○워거럭선 사라

前月 지지난돌 ○우리두 연。 우리두 사라

月將盡 돌거의그므다 ○살학칠랴후 운러ᄇᆡ

按時 ᄯᅢ로조ᄎᆞ다 ○착 ᅵ 열 니

傷午 나죳겻 ○우더 연 키리

亢旱 극히ᄀᆞ므다 ○보곡다뷔 一云강다바

澇了 믈셰이다 ○우열러뷔

悶熱 무덥다 ○룩 키마 하라군

炎熱 벼ᄉᆡ죄여덥다 ○어거머 하라군

蒸熱 ᄶᅵᄂᆞᆫᄃᆞᆺ시덥다 ○징녀던 하라군

嚴寒 극한 ○탸키마 퀴턴

徹骨寒 ᄲᅧ저리게칩다 ○징키너머 지커군

氷凍薄凌 어름지픠려ᄒᆞ다 ○뭐수 월루룬 쿨뒤。

氷凍成縷 살어름지다 ○찰찰 두지

氷結成渡 어름어려ᄃᆞ게되다 ○쿨루뷔。

氷凍結實 어름굿다 ○챵기나타라 쿨더버。

氷凌凝聚 넌레 ○할구가。

脚跟滑蹌 믜ᄭᅳ러워비ᄉᆞ독이다 ○할구리뷔。

滑跐 믜ᄭᅳ러지다 ○굴구리뷔。

溜氷 어름즈치다 ○굴구뷔。

地理補

凸地 두두러진따 ○골비 가잘

凹地 우묵ᄒᆞᆫ따 ○호토골 가잘

赤地 ㅣㅣ ○니츄군 가잘

空地 뷘따 ○멀쳐머 가잘

地乾 따ᄆᆞᄅᆞ다 ○가잘 하구래

地濕 따젓다 ○가잘 뇌탄

地潮 따축축ᄒᆞ다 ○가잘 치긔테

陷泥地 쉬ᄂᆞᆫ따 ○발칙 가잘

曠野 너른들 ○타라

牧場 ㅣㅣ ○벌치걸

㢢亮 훤ᄒᆞᆫ듸 ○사라굴

寬廣 광활ᄒᆞ다 ○아구담

山上行走 뫼희ᄃᆞᆫ니다 ○아구라란 야부뮈

禿山 민산 ○호바해 아구란

危峯 놉흔뫼봉 ○설벙 하다

山陽 산남편 ○아구란 ㄒ 워불 一云아구란 ㄒ 월ᄀᆡ

山陰 산북편 ○아구란 ㄒ 아루

險陂 험ᄒᆞᆫ언덕 ○컬버구

盤石 너르바회 ○우컬 치라군

麪石 서벅돌 ○샐 치라군

海沫石 속돌 ○아굿킨 치라군 滑石 ㅣㅣ ○후사 치라군

酥土 서벽서 벅호홍러 ○워러머 시뢰 塵垢 안즌몬지 ○흑 又창질조리

飛塵 놀리ᄂᆞᆫ몬지 ○토로 又痕跡 河汊 믈ㅅ마리 ○우순 ㅜ 사라가

不涸泉 ᄆᆞᄅᆞ지아 니ᄂᆞᆫ심 ○쳐걸。 大浪 큰믈ㅅ결 ○다발가。

水滲 믈스믜다 ○우수 시먼버 攏 골항ᄎᆞ다 ○말다뮈。

正面 ㅣㅣ ○툽 向上 우흐로 ○더거시 又東으로

往下 아릐로 ○도곡시 又西으로 上頭 우ㅅ녁 ○오뢰

下首 아릐ㅅ녁 ○도고굴 向內 안흐로 ○도독시

往外 밧그로 ○가닥시 浮面上 거ㅅ흐로 ○더거굴

人倫補

雙親ㅣㅣ○텃 우룩

嫡母ㅣㅣ○쵸홈 어거

舅母외삼촌의쳐○나가츄 벌건

姨夫姨母夫○나가츄 쿨건 아하

大伯몯싀아조비○하담 아하

小叔아ᄋᆞ싀아조비○어러 연 더구

大姑몯싀누의○하담 어거치 又妻兄

小姑아ᄋᆞ싀누의○어러 연 워킨 더구

大舅子몯쳐남○어머 연 아하

小舅아ᄋᆞ쳐남○어머 연 더구

小姨妻弟○쿠리 워킨 더구

連襟동셰○바쟈

親兄弟ㅣㅣ○투룩선 와하 더구

中表너외죵○부ᄅᆞᆫ철 지건철

長輩어룬○아햇 一云자햇

雙生子ㅣㅣ○이커러 커권 一云어부철。工 커권

偏房兒子쳡아ᄃᆞᆯ○하쟌타 커건

赤子ᄀᆞᆺ난아희○우랄간 챠하

孩子們아희들○커건 一云시바고 又조시들

朋友ㅣㅣ○눠쿨 하나

益友ㅣㅣ ○너머구리투 뉘쿨　損友ㅏㅣ ○호롬지투 뉘쿨

潑交結 깁히사괴다 ○하나라뮈　姓氏ㅣㅣ ○오복、태

娘家 妻家 ○툴쿰 ㄸ 걸　出娘子 棄妻ᄒᆞ다 ○걸게 앙기자라뮈

人品補

賢人ㅣㅣ ○얼덤턴　英俊ㅣㅣ ○아로ᅩ한

名士ㅣㅣ ○너러테 빗칙 ㄸ 쿠룬　烈士ㅏㅣ ○죠릭태 얼덤턴

壯士ㅣㅣ ○실부수데　孝順人 ㅣㅣᄒᆞᆫ사ᄅᆞᆷ ○얼버릴。테

忠直人 츙직ᄒᆞᆫ이 ○시둘구한　有道人 도잇ᄂᆞᆫ사ᄅᆞᆷ ○요수태 오단졍ᄒᆞᆫ이

精細人 ᄌᆞ세ᄒᆞᆫ사ᄅᆞᆷ ○키나치　有記性的 총ᄒᆞᆫ사ᄅᆞᆷ ○외태

天生福人 복잇ᄂᆞᆫ사ᄅᆞᆷ ○술。더투　有識見的 식견잇ᄂᆞᆫ이 ○사날。가태

聰慧人 총혜ᄒᆞᆫ이 ○터굳덜

靈性 령혜ᄒᆞᆫ이 ○우하부리

守分的 守分ᄒᆞᄂᆞᆫ사ᄅᆞᆷ ○지루곰지태

小心人 조심ᄒᆞᄂᆞᆫ사ᄅᆞᆷ ○아윰타개

儉省人 검약ᄒᆞᆫ사ᄅᆞᆷ ○알빈태

奢費人 샤치ᄒᆞᄂᆞᆫ사ᄅᆞᆷ ○부릴거치

固執人 ｜｜ᄒᆞᄂᆞᆫ이 ○쥰쿠거 一云바림타라치

討好的 ᄂᆞᆷ의기림 취ᄒᆞᄂᆞᆫ이 ○샘수라치

庸劣人 ｜｜ᄒᆞᆫ이 ○마구한

獃的 어린이 ○널책산 一云머넉

忘性人 니ᄌᆞᆷ헐ᄒᆞᆫ이 ○말탐타개

肯羞的 븟그림 ᄐᆞᄂᆞᆫ이 ○이쳠터게

反覆人 ｜｜ ○울바치

肯變卦的 변ᄒᆞ기 잘ᄒᆞᄂᆞᆫ이 ○후빌가다수태

迎合的 영합ᄒᆞᄂᆞᆫ이 ○네러구러지

賴皮 ᄂᆞᆷ의게밀오기 잘ᄒᆞᄂᆞᆫ이 ○쿨치 又보챈ᄯᅩ아히

鬼詐人 궤사ᄒᆞᆫ사ᄅᆞᆷ ○집투

古怪人 고괴ᄒᆞᆫ사ᄅᆞᆷ ○옴투

奇怪的 ｜｜ᄒᆞᆫ이 ○직테

嘴碎的 ᄌᆞᆫ말ᄒᆞᄂᆞᆫ이 ○야리거

執繆人 우기ᄂᆞᆫ이 ○무시캬치

强嘴人 올흔쳬ᄒᆞᄂᆞᆫ사ᄅᆞᆷ ○부랼。투가치

唱詞人 노래부르ᄂᆞᆫ사ᄅᆞᆷ ○도ᄉᆞ치

樂工 ㅣㅣ ○쿡짐ㄷ 쿠ᄂᆞᆫ、

木匠 지위 ○모도치

幇子們 죵들 ○봉골。ᄆᆞᆫ

身體補

身材小 몸적다 ○버여 흠사

細汗毛 몸에ㅅ털 ○시라 워수

爭食窩 니통소 ○후라개 거지거

印堂 냥미간 ○쿤투걸

眼胞 눈ㅅ두에 ○아니ᄉᆞ하

眼睫毛 속눈ㅅ셥 ○솔모ㅗ수

耳垂 귀ㅅ불 ○거덜。

鼻梁 콧ᄆᆞᄅᆞ ○쿠부굴

口角 입아귀 ○아만 ㄒ 쟈바지

門牙 앏니 ○어구던 시두

虎牙 송곳니 ○소요가 시두

大牙 아금니 ○아라갸 시두

包牙 엄니 ○돌소괴 시두

重牙 덧니 ○답훌 시두

巧舌 입하놀 ○탕내

脖項 더수기 ○쿠쥬구

腦盖骨 텬령개 ○가바라

外結喉 념쥬ᄲᅧ ○투분

贅指 눅가락 ○쥴가머 후루구

嫉膀子 졋통 ○쿠쿠 연 불칠해

嫉頭子 졋곡지 ○쿠쿠 연 톱치

擠嫉子 졋자다 ○쿠쿠 십하루뮈

軟脇 죤허리 ○챠비

脊梁骨 등ᄆᆞᄅᆞᄲᅧ ○서걸

脊髓 등ㅅ골 ○누구수

外胯 궁둥이 ○서구지

屁股蛋 볼기짝 ○북서 연 워거젹

大腿 신다리 ○어부둑

髁子骨 복쇼아ᄲᅧ ○샤가 야수

小腸 ㅣㅣ ○나린 거더수

大腸 ㅣㅣ ○오로개

稀涎 묽은춤 ○쿠거수

痴水 뉘웃춤 ○시루수　喀痰 담밧다 ○하키루뷔

容貌補

生相 삼긴모양 ○오볼　形樣 몰골 ○투룹

魁偉 어귀롭다 ○이컴숙 오거르ᄒᆞ다　相貌軒昂 ㅣㅣㅣᄒᆞ다 ○지수태

高條 호리호리ᄒᆞ다 ○숙다루산　藐窊 몸씨회미ᄒᆞ다 ○칠걸。

富態 尊稱몸부대ᄒᆞ다 ○미하락 云미하태　甚胖 ᄆᆞ장ᄉᆞᆯ지다 ○올。회지

腹大 비부룩ᄒᆞ다 ○커버리 툰투굴　圭腰 허리굽다 ○뷔거툴

大頭 마리크다 ○만투굴　臉下窄 하관새다 ○숍통。

眼乳僂 눈헐떡ᄒᆞ다 ○너두 호오울 봅바　斜眼 눈흙빅다 ○너두 키라갈

容縫眼 ᄆᆞᄂᆞᆫ눈 ○질머걸 니두　鼻塌 코납족ᄒᆞ다 ○하발 함시길

翻唇 입시울뒤죵굿ᄒᆞ다 ○ 우루굴。 얼터걸

露齒 니드러나다 ○ 시두 일쟈갈

瘦人 여윈사ᄅᆞᆷ ○ 투랑키

太瘦 척골ᄒᆞ다 ○ 어칭길

軟弱 ㅣㅣᄒᆞ다 ○ 부루건

臉色 ᄂᆞᆺ빗 ○ 지수

光潤 ㅣㅣᄒᆞ다 ○ 길비기너뮈

白淨 희조출ᄒᆞ다 ○ 채라지

臉黃 ᄂᆞᆺ누르다 ○ 니굴。 시라라바

氣色淡白 열굴헤여ᄉᆞ싀ᄒᆞ다 ○ 니굴。 청커걸

清減了 尊稱얼굴패ᄒᆞ다 ○ 고래지

面有嗔色 성낸ᄂᆞᆺ빗 ○ 치래 바릴。하바

老蒼 늙어뵈다 ○ 쿡시렁구

命長 목숨기다 ○ 후툭 울。투

老昏 ㅣㅣᄒᆞ다 ○ 바라 볼。지 옷니취ᄒᆞ다

没牙的 니ᄲᆞ진이 ○ 매락

老誖回 망녕젓다 ○ 알갸투지

壯年 ㅣㅣ ○ 이덜

成丁 장뎡되다 ○ 어러치러버

乳兒長 正 아희부러가다 ○ 커고권 쿠부러지

言行早 말파거름이르다 ○비시ᇰ 又상긔롭다

弱小 주울드다 ○무칠。

白癜瘋 빅락 ○아락 마랴

稠麻子 만히얽다 ○발체지

面垢 ᄂᆞᆺ치ᄣᅵ ○니굴ᄃᆞ 발쟝

臉臟 ᄂᆞᆺ더럽다 ○니굴。 흘회지

氣息補

嘔吐 ㅣㅣᄒᆞ다 ○옥시뮈

乾噦 헛구역ᄒᆞ다 ○오기수뮈

心跳 가슴도근도근ᄒᆞ다 ○지루커 투시뮈

煩躁 ㅣㅣᄒᆞ다 ○멍더구러뮈

畏懼 저퍼ᄒᆞ다 ○볼。고가뮈

惶恐 ㅣㅣᄒᆞ다 ○투시뮈 又몰존허리ᄲᅮ노다

心灰了 ᄆᆞ음죽다 ○취쿠시지 又危物을너여ᄒᆞ다

吃一驚 ᄭᅡᆷᄶᅡᆨ놀라다 ○쇼처뮈

驚呆 놀라어리다 ○뒤러뮈

嚇一嚇 놀라도도리치다 ○도돌。바

胆戰 속ᄯᅥ다 ○시지기너버

打冷戰 즌저리치다 ○지키루뮈

性情補

生性 삼긴품 ○투룰。키

柔順 ㅣㅣ ○너머군

温良 ㅣㅣ ○아물링귀 一云툴。건

能幹 지조 ○치너거 一云텅거

經綸 ᄒᆞ다 ㅣㅣ ○어여러뷔 업러뷔

就勢 세보와ᄒᆞ다 ○아야다뷔

能成 능히ᄒᆞ다 ○치다부리라뷔 一云부투거뷔

有理 ᄒᆞ다 ㅣㅣ ○쥬데

結實 ᄃᆞᆫᄃᆞᆫᄒᆞ다 ○츄ᇰ루

不徇情 ᄉᆞ졍아니다 ○니굴칠후 우게

無玷 瑕疵업다 ○킬 우게

勤 부즈런ᄒᆞ다 ○키쳐ᇰ구

奮勇 용ᄆᆡ다 ○바가툴라뷔

發奮 ᄒᆞ다 ㅣㅣ ○샤라마개라뷔

功業 ㅣㅣ ○진쿨。

順適 ᄠᅳᆮ에 맛갓다 ○타가람지태

自如 ᄌᆞ약ᄒᆞ다 ○아구담치

小心着 조심ᄒᆞ라 ○컬。투ᄭᅵ구진 一云컬。투리구진

稀罕 ㅣㅣᄒᆞ다 ○ 바하투뮈

垂涎 춤흘리다 ○ 시루수 하쟈뮈

忍了 참아ᄒᆞ다 ○ 툽더버

厭煩 조즐ᄒᆞ다 ○ 여커구러뮈

不舒服 싀훤치아니타 ○ 쿠시굴커뮈

不順眼 눈에걸리다 ○ 타가람지 우게

暗怒 속으로셩내다 ○ 북사뮈

忿惱 노희여ᄒᆞ다 ○ 운투구쟈뮈

不睦 화목지못ᄒᆞ다 ○ 넷。 우게

偏僻 ㅣㅣᄒᆞ다 ○ 컬。버리지

恐有失錯 잘못ᄒᆞᆯ세라 ○ 야구키구진

嚷鬧 요란ᄡᅳ다 ○ 오고키루뮈 一云커부키루뮈

嫌 슬히녀기다 ○ 직시뮈

憎 쓸믜다 ○ 닉시구러뮈

不悅 깃거아니타 ○ 타가라후 우게 一云타가랏키쿠 우게

使性氣 셩씌내다 ○ 불장나뮈

氣打的戰 셩내여ᄯᅥᆯ다 ○ 쳐철키러뮈

不隨合 ᄯᆞ라합지아니타 ○ 하나 우게

貪臟 ㅣㅣᄒᆞ다 ○ 압리가라뮈

奸詐 ㅣㅣ ○ 쟈리

邪曲 ㅣㅣ ○가지구

悖逆 ㅣㅣ ○털스러구

陰險 ㅣㅣ ○우키

逼勒 헙륵ᄒᆞ다 ○치울다구루뮈

暴虐 ᄒᆞ다ㅣㅣ ○할기ᄉᆞ라뮈

利害 사오납다 ○앰식태

言語補

熟練 말닉게ᄒᆞ다 ○토로로쥬 커러셔뮈

熟快 말닉고섈르다 ○톨치나타라 커러셔뮈

强詞 우격으로말ᄒᆞ다 ○애불라뮈

截話 막아말ᄒᆞ다 ○오로관 커러셔무

聯貫 말련쇽ᄒᆞ다 ○굴구리쥬

插話 마롭쳐말ᄒᆞ다 ○쿠시뮈

借詞遮飾 다른말로ᄭᅮ미다 ○쟈삼자란 커러셔뮈

絮叨 잔말ᄒᆞ다 ○놀쇼라뮈

混說 혼잡히말ᄒᆞ다 ○워국러뮈

信口說 말나는대로ᄒᆞ다 ○살바뮈 一云살바다뮈

妄談 망령되이말ᄒᆞ다 ○샤리뮈

語不清楚 말분명히못ᄒᆞ다 ○쵸르챠키

譏刺 사ᄅᆞᆷ쓸타 ○애군하뮈

切當 ㅣㅣᄒᆞ다 ○노치태 又보암즉ᄒᆞ다

改正 ㅣㅣᄒᆞ다 ○쟈라라구루뮈 一云쟈라뮈

支離 ㅣㅣᄒᆞ다 ○월빗쉬뮈

討憑據 핑계잡다 ○치마 아부뮈

誇獎 ㅣㅣᄒᆞ다 ○새샤뮈

咂嘴稱奇 혀ᄎᆞ기리다 ○탕시뮈

盤問 힐문ᄒᆞ다 ○쟌살치란 아사구뮈

嚥 올ᄉᆞ외다 ○워

在何處 어ᄃᆡ잇ᄂᆞ냐 ○히비

何樣 무스것 ○야군 丅

怎樣了 엇지ᄒᆞ엿ᄂᆞ니 ○야키바

安麽 평안ᄒᆞ신가 ○아무구랑 丅

瞞得過麽 속일가보냐 ○언더무유 一云언더쿠 부유

耻笑 우숩다 ○이넘숙러뮈

笑盈盈 흔연히웃다 ○이랄쟈뮈

微笑 ㅣㅣᄒᆞ다 ○워뭇키뮈

響笑 허허대쇼ᄒᆞ다 ○타치가나쥬 이녀뮈

仰面大笑 앙면대쇼ᄒᆞ다 ○락 락 이녀뮈

點頭呼 마리그더겨부르다 ○거킨 다구다키

招呼 손쳐브르다 ○다라루위

挑唆 하쇽서리다 ○한후위

讒言 ㅣㅣ ○홉 우귀

陷害 ᄒᆞ다 ㅣㅣ ○뉘구러뮈

攛掇 부쵹이다 ○투키루위 又 개투기다

背後毁謗 못보ᄂᆞᆫ듸 훼방ᄒᆞ다 ○더무리러뮈

動靜補

端坐 단정이 안ᄌᆞ다 ○래한 사구지

實坐 ᄀᆞ득안ᄌᆞ다 ○락랜 사구지

穩坐 편히안ᄌᆞ다 ○락래쥬 사구지

盤膝坐 발사리고 안ᄌᆞ다 ○쟈비란 사구지

伸腿坐 다리펴고 안ᄌᆞ다 ○최츈 사구지

抱膝坐 무룹안고 안ᄌᆞ다 ○춰쳔 사구지

團坐 둘러안ᄌᆞ다 ○토모고란 사구지

獨坐 혼자안ᄌᆞ다 ○록린 사구지

令撞起 드듼것 들라 ○더시

猛站起 급히 니다 ○상햣킨 보바

彎腰 허리굽 프리다 ○북뒤뮈

俯着 업듸다 ○구。뒤뮈

岔腿站着 다리버리고셔다 ○알챤。 족소지

學挪步 거름비호다 ○알。홀。키라뮈

打踉蹌 집벅이다 ○걸。둘키러뮈

醉踉蹡 취ᄒᆞ여뷔거다 ○걸두리뮈

俯身趨走 추창ᄒᆞ다 ○춤츄리뮈

走獨木橋 외나모ᄃᆞ리로가다 ○두귀챠뮈

直路走 바론길로가다 ○시둘。루란 야부뮈

慢走等候 가며기ᄃᆞ리다 ○쿠리걸。져뮈

離遠了 멀리ᄯᅥ러지다 ○순。지 又편이다

行頭好 길ᄃᆞᆫ니기잘ᄒᆞ다 ○졸。 샌 又산힝숑샤

當日回來 그날도라오다 ○어두럴 一云어두런

衆人爭跑 여러히ᄃᆞ토아ᄃᆞ다 ○덜키러뮈

跑脫了 ᄲᅡ져ᄃᆞ라나다 ○끔 구유버

一跳遠 ᄒᆞᆫᄯᅱ음 ○니거 해랄。

踴躍 ᄯᅱ노다 ○하래라뮈

跳過 건너ᄯᅱ다 ○탑 키쥬 하래바

跳高 놉흔ᄃᆡᄯᅱ다 ○덥커루뮈

跳上 소소다 ○덥커룻키뮈

將近 거의밋다 ○시한 오두뮈

到去 다ᄃᆞᆺ다 ○쿨츄 오두뮈

進去 드러가다 ○오론 오두위

竟入 썩드러가다 ○구。두굿킨 오로바

閒走 한가히 ᄃᆞᆫ니다 ○커수위

常來往 미양 ᄃᆞᆫ니다 ○설구츄 야부위

撞見 마조쳐 보다 ○투라위

忽遇見 홀연이 만나다 ○락 키츄 우챠라바

安息 편히 쉬다 ○아무위 又잘지내다

歇陰凉 그늘에 쉬다 ○서구덜러위

乘凉 서늘진듸 안ᄉ다 ○서리구쳐위

疲倦 지치다 ○도로다위

伸腿卧 발펴고 눕다 ○달댄 컵터지

困大 좀겹ᄉ다 ○뇔 마구 태

睡的輕 좀ᄉ귀 붉다 ○뇔 설구렁

沒困 좀업다 ○뇔 설구버

通脚睡 발막아 자다 ○쿨。친 운타바

睡熟 ᄃᆞᆯ게 자다 ○우쿠시러터러 운타바

睡中譫語 섬어ᄒᆞ다 ○져구루위

夢見 쑴에 뵈다 ○중녀더위

似睡不睡 자ᄂᆞᆫ듯마ᄂᆞᆫ듯ᄒᆞ다 ○서러군

左右看 左右顧視ᄒᆞ다 ○키라말。쟈위

翻白眼看 희번득여보다 ○채라발。쟈뮈

遠望動靜 멀리셔동졍보다 ○앙하루뮈

依俙看 의희히보다 ○불룩발룩 웅져더뮈

瞎窺 기웃거리다 ○거덜。키려뮈

擠眼 눈ㅅ기다 ○니두 임너뮈

眼生花 눈에아즈랑이나다 ○니두 어결。지러뮈

動作 ㅣㅣᄒᆞ다 ○아가시라뮈

搖提 흔득이다 ○컬벌。져뮈

歪斜 기우러지다 ○태발。쟈뮈

撬起 써들리다 ○워리뮈

遲滯 ㅣㅣᄒᆞ다 ○바랴다뮈

脫落 절로노화ᄇᆞ리다 ○알。다구루뮈

摔 부듸잇ㅅ다 ○라랄。가뮈 오그르박다

擲 꼴매ᄒᆞ여더지다 ○하야뮈

橫豎亂抛 어즈러이훗더지다 ○올키라쟈가뮈

不住 멈초지아니타 ○사가탈。 우게

逗遛 ㅣㅣᄒᆞ다 ○칩하굴하뮈

躭擱 일에걸려머무다 ○알。매다뮈

落人後 ᄂᆞᆷ의게뒤지다 ○호지다뮈

遲鈍 느릐다 ○하샹 一云하샹 모호닥

爽利 상쾌ᄒᆞ다 ○ 덥△ 둡△

忢躁 조급ᄒᆞ다 ○ 워술키러뮈

湊 모도져기다 ○ 네럴두구루뮈

盛着 通稱 맘다 ○ 아구루뮈

兜着 옷자락에ᄊᆞ다 ○ 훌매리뮈

兩人擡着 마조메다 ○ 쿤지굴러뮈

人事補

養親 ᄒᆞ다 ㅣㅣ ○ 우록ᄋ ㅣ 터지거뮈

榮親 ᄒᆞ다 ㅣㅣ ○ 우록ᄋ ㅣ 게구루뮈

兄禮相待 형으로ᄃᆡ졉ᄒᆞ다 ○ 아하 키뮈

着忢 ᄒᆞ다 ㅣㅣ ○ 칠마뮈又일에뒤어즐ᄒᆞ다

攙着 섞붓드다 ○ 투시러뮈又노의게의지ᄒᆞ다

撿起 줍다 ○ 출ᄋ버뮈

積蓄 만히ᄡᅡ타 ○ 츄라라뮈又일답ᄡᅡ히다

挑担子 번대메다 ○ 담지구루뮈

不得力 ᄃᆞᆫᄃᆞᆫ이잡지못ᄒᆞ다 ○ 덤 올ᄋ후 우게

悅親 ᄒᆞ다 ㅣㅣ ○ 우록ᄋ ㅣ 바야하뮈

竭誠 정셩다ᄒᆞ다 ○ 우번치러뮈

行弟道 아ᄋᆞ노롯ᄒᆞ다 ○ 더구치러뮈

居長 어룬노릇ᄒᆞ다 ○아하치라뮈

自居長 어룬인쳬ᄒᆞ다 ○아하라뮈

慈愛 ㅣㅣᄒᆞ다 ○니구러수뮈

恭 공슌 ○비시럼。테

敬 공경 ○키청쿼

謙 겸양 ○쿵검숙

謙遜 ㅣㅣᄒᆞ다 ○쿵검숙러뮈

親熱 ㅣㅣᄒᆞ다 ○얼。석러뮈

厚待 ㅣㅣᄒᆞ다 ○도토노로뮈

和合 ㅣㅣᄒᆞ다 ○내랄。두뮈

共合 샹합ᄒᆞ다 ○네두뮈

相熟 ㅣㅣᄒᆞ다 ○어너시뮈

共同 ᄒᆞᆫ가지로ᄒᆞ다 ○함투두뮈

深知 깁히아다 ○랍타 머더버

曉得 세치다 ○두。구루뮈

想起 ᄉᆡᆼ각ᄒᆞ다 ○사낙다뮈

料事不差 일혜아려그르지아니타 ○언더쿠 우게

不偏邪 편벽지아니타 ○워리구 우게

不變 변치아니타 ○후빌。가다수 우게

不貳心 두ᄆᆞᄋᆞᆷ아니타 ○호얄다후 우게

安分 ᄒᆞ다 ○카리 기 사키뮈

簡約 ᄒᆞ다 ○보랴태

節儉 ᄒᆞ다 ○훌학라뮈

有節 분ᄒᆞᆫ잇다 ○컴지거테

不濫費 람비치아니타 ○다바마개랴후 우게

不倦 게으르지아니타 ○가리랴키쿠 우게

不躱懶 일에ᄢᅴ쓰지아니타 ○불타리후 우게

無止息 쉬지아니타 ○석 우게

羞恥 븟그림 ○이쳐구리

過踰 과람ᄒᆞ다 ○다바구루뮈 又넘기다

矜勢 세쓰다 ○압쟈가라뮈

用强 강악히구다 ○쿠츌커뮈

任性 임의대로ᄒᆞ다 ○두랄

行淫 음탕ᄒᆞ다 ○사둘라뮈

張狂 광패히구다 ○샐하뮈

無坐性 진득지못ᄒᆞ다 ○탑툴 우게

無定向 이리토져리토못ᄒᆞ다 ○나시 챠시 우게

無主張 쥬쟝업다 ○어결컥 우게

無內囊 안ᄶᅩᆼ업다 ○치다부리 우게

無知識 지식업다 ○우하부리 우게

無體統 톄모업다 ○ 쬬리 우게

脫滑 알에버서나다 ○ 불°타뮈

無怕懼 저품업다 ○ 잘°함지 우게

無緣無故 곡절업시 ○ 워 불쿠 우게

不理人 거수치아니타 ○ 아질후 우게

不骨立 풀쐬업다 ○ 울°뷔산

藐視 ᅵᅵ하다 ○ 외샤후 우게

不籌數 혜지아니타 ○ 토가후 우게

冷淡 ᅵᅵ하다 ○ 쥥°치길

不了亮 붉지못하다 ○ 두굴°갈 우게

沒理會 료량업다 ○ 오보록산 우게 云오볼롬 산낙산 우게

沒留神 정신두지아니타 ○ 우배락산 우게

扭別 서어하다 ○ 하키나

纏擾 집쟉하다 ○ 킹호라뮈

輕忽 가비야이너기다 ○ 나굴키뮈

輕賤 천히너기다 ○ 도롬지라뮈

面厚 안후하다 ○ 니굴° 쥬쟈간

丟臉 낫업서하다 ○ 니굴° 쥉°칠°거뮈

玷辱 ᅵᅵ하다 ○ 구타가뮈

揭短 단처들추다 ○ 우후뮈

話把 말새리 ○ 우권 丅 도목
翻覆 ㅣㅣᄒᆞ다 ○ 오로다수라뮈 又病다시알타
遲疑不決 결단치못ᄒᆞ다 ○ 탐나갈。쟈뮈
損人利己 ㅣㅣㅣㅣᄒᆞ다 ○ 훕비라구루뮈
昂然 ㅣㅣᄒᆞ다 ○ 커쿨。져뮈
輕佻 ㅣㅣᄒᆞ다 ○ 독도갈。쟈뮈 一云독돌。쟈뮈
粧飾 것우미다 ○ 고골하뮈
退後 무루좃다 ○ 어것키뮈
狂妄 ㅣㅣ ○ 바라만
匾淺 ᄆᆞ옴좁다 ○ 섭길。 뮈친
肯忘 니좀헐ᄒᆞ다 ○ 말타후 커쳐구
無心緒 혼망ᄒᆞ다 ○ 서거 우하가 우게
窄迫 조비옵다 ○ 억칫
嘴毒 부리사오납다 ○ 숄태
充知道 아ᄂᆞᆫ체ᄒᆞ다 ○ 운하치라뮈
作厭惡事 쓸믜게구다 ○ 알비치라무
邋遢 조츨치아니타 ○ 불탁
毛病多 병통만타 ○ 쥘。 오란
乖張 놈파어긔다 ○ 털스 어터건
迂闊 ㅣㅣᄒᆞ다 ○ 챠라개

飜賴 세치다 ○부리해란 굴러뉘 一云부리해라뉘

明明的哄 빅디에소기다 ○기리루타라 후구루뉘

誆哄 쐬와소기다 ○쟈리라뉘

設圈套 후리다 ○바실라뉘

入了圈套 후림에드다 ○바실 룰 오루바

虛詞假作 뷘말로꾸미다 ○원거러무옥쿤쟈다

明知故問 알며짐즛뭇다 ○텅설킨 야샤뉘

偏護 녁드다 ○워무거러뉘 一云하라뉘

引誘 通稱유인ᄒᆞ다 ○워두거뉘

傷損 ㅣㅣᄒᆞ다 ○호키라뉘

宮室補

九重 ㅣㅣ ○이슌 답훌

簷網 쳠하쳘망 ○사랍치 연 토늘

房舍 ㅣㅣ ○걸 바라가

山棱 즁방 ○쟈하 연 태보

掛柱 樑上短柱 ○뷔커 바가나

排山柱 즁깃 ○끄늘 바가나

門框 문얼굴 ○하갈가 연 하챱치

轉軸 문ㅅ장부 ○욱룰가

不開的窓 붓박이창 ○루타

窓竪櫺 창ㅅ세살 ○춍혼ㄱ 가츌

窓橫櫺 창ᄆᆞᄅᆞㅅ살 ○춍혼ㄱ 일라ㅗ

炕沿 캉젼 ○쿠버거 모도

瓦壠溝 지새골항 ○와라 연 호빌。

盖瓦壠 지새ᄆᆞᄅᆞ ○와라 연 다랑

瓦尾 수지새 ○구부굴 와라

揭起瓦 지새것다 ○와라 하가루뮈

鍋臺 붓두막 ○끠롬타

彎曲處 구븨진곳 ○부룽

打夯 달고질ᄒᆞ다 ○닥달시구루뮈

抹泥 믜문지다 ○사바뮈

官職補

文臣 ｜｜○비칙 ㄸ 샌

武臣 ｜｜○치릭 ㄸ 샌

議政大臣 ｜｜｜○호ᄒᆞ비 연 샌

散秩大臣 ｜｜｜○수라 샌

大學士 ｜｜｜○다가각산 빅칙 ㄸ 다루가

學士 ｜｜○지굴 ㄸ 빅칙 ㄸ 다루가

提調 ㅣㅣ ○쳐럭 ㅣ 쟈긜후 샏 叅議 ㅣㅣ ○투사라후 투시멀。

都統 ㅣㅣ ○호시구 기 쟈긜후 샏 副都統 ㅣㅣ ○메런 丁 장기

前鋒統領 ㅣㅣㅣ ○갈 ᄃᆞ 샏 護軍統領 ㅣㅣㅣ ○툭。 ᄃᆞ 장기

前鋒叅領 ㅣㅣㅣ ○갑시개 연 장기 前鋒侍衛 ㅣㅣㅣ ○갑시개 연 캬

教授 ㅣㅣ ○술각치 투시멀。 主簿 ㅣㅣ ○당스 바리챠시 투시멀。

訓道 ㅣㅣ ○덜ᅀᆞ 술각치 투시멀。 牛彔 ㅣㅣ ○수무。 옷셔부ᄌᆞ

襲職 世襲ᄒᆞ다 ○쟐감지라뮈 頂缺 보결ᄒᆞ다 ○오로로뮈

城郭補

通國 온나라 ○날매 우ᄅᆞᆺ 交界 ㅣㅣ ○키리

盡邊 디경진ᄒᆞᆫ듸 ○아닥 ᄃᆞ 키쟈갈 城門洞 城門虹霓 ○굴。둥

垜口炮眼 셩귀ㅅ대야 ○츄부리굴。 閘 슈문 ○하갈。타

相隔 즈음ᄒᆞᆫ스이 ○북러구 호꼬론두 路覺遠 갓가오되가기머다 ○쟘 알빈

不覺遠 머되가기쉽다 ○쟘 뮈친 遶遠了 멀리도다 ○올킥다바

文學補

教訓 ᄒᆞ다 ○술가구리라뮈 使化 氣質을변화케ᄒᆞ다 ○거쥐뮈 又感化ᄒᆞ다

引導 ᄒᆞ다 ○쿠덜。부리러뮈 奮興 흥긔ᄒᆞ다 ○쿠키뮈

詳究 궁구ᄒᆞ다 ○나립치라뮈 專心 ᄆᆞᄋᆞᆷ오롯이ᄒᆞ다 ○심다뮈

篤志 ᄯᅳᆺ즐독실이ᄒᆞ다 ○실루구。두뮈 通文 글을통ᄒᆞ다 ○욘하투뮈

貫通 ᄒᆞ다 ○슈。쿤 넙터 起荒蕪 黑草내다 ○누루굽치라뮈

打遏子 줄긋다 ○쥬라다수라뮈 句抹 에우치다 ○쿠려러뮈

圈活 에운것내살오다 ○ 텽쿠러굴루뮈　釘書 칙미다 ○ 톱키뮈

裝套 匣에넛타 ○ 둑퉈라뮈　鎮尺 서진 ○ 다룰°타

字尾 글ᄌᆞ파임 ○ 서굴　寄字 글붓치다 ○ 비칙 이러거뮈

武備補

閱兵 軍兵鍊習ᄒᆞ다 ○ 치굴°간 네러뮈　調兵 軍士조발ᄒᆞ다 ○ 대치라뮈

指麾 ᅵᅵᄒᆞ다 ○ 지룸 쟈가뮈　用計 계교쓰다 ○ 알가라뮈

分伍 作隊ᄒᆞ다 ○ 쿠러러뮈　漸次前進 졈ᄎᆞ로나아오다 ○ 답시키뮈 一云 울°두뮈

衝陣 충돌ᄒᆞ다 ○ 돕토로뮈　夾攻 셰치다 ○ 합치란 바릴°두뮈

追獲 ᄯᆞ라잡다 ○ 울°닥다뮈　鏖戰 어우러져싸호다 ○ 쥬랄°둔 바릴°두뮈

拚命 죽도록 ○ 우쿠퀄ᄅᆞ　血戰 피나게싸호다 ○ 우라 앗한 바릴°두뮈

斷後 뒤흘막다 ○ 회나 해굴가라뮈

滚入 겁히드러가다 ○ 박타라타라 오로바

誆誘 홀여내다 ○ 거너더구루뮈

亂殺 크게죽이다 ○ 이커더 아라바

盡殺 뭇질러죽이다 ○ 캬라타라 아라바

散亂 ㅣㅣᄒᆞ다 ○ 웜져뮈

救援 ㅣㅣᄒᆞ다 ○ 워무러뮈

安定 평졍ᄒᆞ다 ○ 톡타가뮈

凱歌 ㅣㅣᄒᆞ다 ○ 도란 다구다뮈

軍器補

盔纓 투구샹모 ○ 소놉톨

護膝 슬갑 ○ 어부둑치

甲葉 갑옷린을 ○ 투샤마

纏筋弓 힘올린활 ○ 시리력선 누무

把箭 柳葉箭 ○ 할바굴。

挑遠箭 마ᄂᆞᆫ대 ○ 해무굴

順刀 短劒 ○ 서러머

梢子棍 도리채 ○ 커불。又 도리채아들

配弓弦 시위언ㅅ다 ○ 큡치 녜러구루뮈
𩙪弓身 활뒤쳐지다 ○ 누무 하리무

端弓 활좀잡다 ○ 누무 쟈라구루뮈
端箭桿 살대잡다 ○ 져번丅 어굿칼 쟈라뮈

翎箭翎 살짓붓치다 ○ 워두러뮈
捻箭桿 살대돌려보다 ○ 얼쳐두뮈

掖箭 살太다 ○ 져버 수구리뮈
開弓 활굿다 ○ 누무 앙걀가뮈

拉滿 마득굿다 ○ 더리뮈
打彈弓 탄ᄌᆞ활쏘다 ○ 붐부거더뮈

準頭 묘득 ○ 바리쟈
指的準頭 견홈바로다 ○ 죠리타 샌

箭箭中 낫낫치맛치다 ○ 수무 토가루뮈
鼓子 방혁 ○ 할부후 투구릭 배

箭罩 살우비 ○ 불쳑
鎗鑲子 창예쵹 ○ 지다 연 두

政事補

嚴肅一一 ○ 챠가쟈태
征代一一 ○ 쟈랄가 대랄

條陳 죠건죠건 엿ᄌᆞᆸ다 ○ 호치란 애라하뮈

著落 일시기다 ○ 투가구루뮈

駁回 일막아 보내다 ○ 어거구루뮈 옷올라가게ᄒᆞ라

迷亂 일에어즐ᄒᆞ다 ○ 투거릭더뮈

更張 못ᄎᆞᆫ일을ᄀᆞᆺ쳐말ᄒᆞ다 ○ 츄챠라루뮈

繁冗 冗雜 ○ 바랄

混沌 ㅣㅣ ○ 뭉학 바랄 고 검

牽扯 철쥬ᄒᆞ다 ○ 울식 얄식

事前着急 일에미리 챠급ᄒᆞ다 ○ 샤루뮈

領頭 위두ᄒᆞ다 ○ 투루구러뮈

承當 담당ᄒᆞ다 ○ 다가가뮈 옷시ㅅ다

公務 通稱구실 ○ 알바 옷구의

示意 뜻뵈다 ○ 사나가 어두뮈

使喚 ㅣㅣᄒᆞ다 ○ 쟈루챠라뮈

派 구실그어 보내다 ○ 토미라뮈

稟給 ᄎᆞ료 ○ 우라가 시구수

逾限 ᄒᆞᆫ지나다 ○ 원거ᄉᆞ키뮈

接班 인번ᄒᆞ다 ○ 지샤 다루챠뮈

禮度補

排班 ㅣㅣᄒᆞ다 ○직사가뮈

擁擠 사ᄅᆞᆷ만하 메이다 ○일치

鳴鞭 淨鞭울리다 ○타시굴 도갈가뮈

單腿跪 ᄒᆞᆫ다리ᄭᅮ다 ○쿨。보키루뮈

三跪 세번ᄭᅮ다 ○굴반 수굳툴。

九叩 아홉번고두ᄒᆞ다 ○이순 물굴。

還宮 ㅣㅣᄒᆞ다 ○올돈 둘 워거더 보로뮈

說親 혼인니ᄅᆞ다 ○쉬루뮈

作主人 쥬인노릇ᄒᆞ다 ○걸군 어젼 대라뮈

放分 음식분비ᄒᆞ다 ○바리뮈 옷잡다

讓酒 술권ᄒᆞ다 ○다리구루뮈

回敬 술잔도로권ᄒᆞ다 ○하리구 바리뮈

强讓酒 잔잡아강권ᄒᆞ다 ○샤가뮈

孕產補

害口 입맛젓다 ○이더건 송고뮈

臨產 ᄒᆡ산ᄒᆞᆯ려ᄒᆞ다 ○후칠。가라뮈

蓐草 삼거적 ○석리

胎下包了 태닙낫타 ○회투카 인우 바구바

皃枕疼 혼비알타 ○컴터시 어벌두뮈 乳下了 젖ᄂᆞ리다 ○쿠쿠 이빌지。

嚼喂食物 암죽먹이다 ○옥지뮈 上搖車 요차에야히누이다 ○워루게두뮈

服飾補

皮馬虎 볼시 ○부치투 襖 동옷 ○쳐거덕

齊肩短褂 갓동옷 ○더거러 男裙 사마치 ○홀목치

底襟 안ㅅ자락 ○도토가두 엉걸 衣邊 옷기슭 ○터벌。 ㄸ 홀매

帶板 ᄯᅴᆺ돈 ○토해 皂靴 검은휘 ○얼터걸 구툴。

皮襪頭 너벌 ○뵈톡 木屐 격지 ○두룹치

眼鏡 ㅣㅣ ○나둔 ㄒ 토리 牙鑯 니쓔시개 ○시키출

牙簽筒 쇼여ㅅ집 ○시키출 ㅍ 결 針札 바늘겨리 ○져곱치

穿皮襖 갓옷닙다 ○ 쥬뱌가라뮈

穿端罩 둔조닙다 ○ 다후라뮈

放帽沿 마흐래지오다 ○ 三云 마라가 발굴가뮈 마라가 불쿠뮈

幪蓋 ᄡᅥ덥다 ○ 불쿠뮈 又草家녜다

綁面 것올리다 ○ 부리뮈

揎 끌박다 ○ 컵러뮈

剝衣服 옷벗기지르다 ○ 더뎌。 십투루뮈

剪 가위질ᄒᆞ다 ○ 해치라뮈

紉針 바놀귀ᄢᅦ다 ○ 수버러뮈

刓齊 도련ᄒᆞ다 ○ 워거라뮈

綳 ᄉᆞᆺ다 ○ 시더뮈

繑邊 단졉다 ○ 엄커리두뮈

對縫 ᄉᆞᆯ봇치다 ○ 오요달。 네러구루뮈

緣邊 ᄀᆞ두루다 ○ 무시캬리라뮈

身料 ᄆᆞᆷ ○ 컴 又어림

襆子 본보기 ○ 두림

緊包 緊着 잔ᄉᆞ득ᄡᅥ다 ○ 약시탄 후미뮈

抽口 부리욱여신ᄢᅦ다 ○ 컬켜러뮈

斜包 귀내여ᄡᅥ다 ○ 호쇼고라뮈

拴活扣 고내여미다 ○ 쿠부러케 우야뮈

捲揲起 죽여빳타 ○ 업커뮈

飮食補

請嚐 먹기청ᄒᆞ다 ○ 아마쿨

殼喫 먹엄즉ᄒᆞᆫ것 ○ 이더퀴 벌

用餚饌 반찬먹다 ○ 쟈구시라뮈

囫圇吞 왼이로ᄉᆞᆷ키다 ○ 쿨ᄋ구뮈

不饞 입브지아니타 ○ 아마 탕숙

膩住 늬ᄉᆞ근ᄒᆞ여믈리다 ○ 샹다구라뮈

含着水 믈먹음다 ○ 우ᄋ수 발ᄋ구뮈

酒透糟了 술에젓다 ○ 다라순 둘 뎝투지

酒稍子 만믈 ○ 숩ᄋ수

酒狠釅 술ᄆᆞ장되다 ○ 다라수 후훈

水肉 녑팔지 ○ 호다수 미하

後腿小骨 죵아리ᄲᅧ ○ 샨투 치무거

胰子 ㅣㅣ ○ 뇔

百葉肚 쳔엽 ○ 마구 살키낙

大腸 넙은챵ᄌᆞ ○ 부두군 거더수

小腸 좁은챵ᄌᆞ ○ 토고리ᄋ해

脊髓 등ᄉ골 ○니궁°수

新鮮 제철에 새것 ○니래

白饊子 흰산ᄌ ○샤간 삼

煎餅 ㅣㅣ ○회막

肉醬 ㅣㅣ ○할마

切成塊 조각조각 ᄡᅡᄒᆞ다 ○커석러뮈

味濃 맛ᄉ훈감ᄒᆞ다 ○암탄 ㅣ 군

草腥氣 풋내 ○쟈바간

撈出 건져내다 ○슈굴더뮈

淘米 ᄡᆞᆯ니다 ○우가다수라뮈

臁貼油 볼기름 ○서머지

扁條 좁게 ○비러

豆䴱饊 콩ᄉ단ᄌ ○누후말°

冰糖 ㅣㅣ ○뀌순 시킬

揚茶 얼혼차식이다 ○사무루뮈

刮魚鱗 비늘긁다 ○핼수라뮈

脆 아삭아삭ᄒᆞ다 ○커ᅩ럭

醭 곰탕 ○와

澆水 물세치다 ○우°수 샵싀뮈

趕麵 국슈미다 ○쿠불러뮈

發麵 긔쥬ᄒᆞ다 ○이설。거뷔

攙雜 여러가지모도석다 ○호리찰。두구루뷔

掍攪 젓ᄉᆞ다 ○홀호라뷔

點火 블혀다 ○갈。시타가뷔

火忽着 블훌훌붓다 ○갈。올빈수뷔

烟洞倒風 洞블내치다 ○너구루뷔

熰烟 ᄂᆡ무희다 ○우타가투뷔

炕洞煤 고릐에그으름 ○이수

佃漁補

哄虎 범투기다 ○월거뷔

截岔 通稱길즐르다 ○잠 옥토로뷔

熬鷹 매재오지아니타 ○두리구루뷔

嗅鷹 매겻다 ○오랴다뷔

籠鷹 매목이다 ○쿡시러구루뷔

鷹蒳 매도론것 ○고요

轉軸 도릐 ○얼기굴。

箭釘住 살박이다 ○고죄타라 하다바

些微射着 설맛다 ○다가릭다바

穿透 셰뚤러나오다 ○쇼읍토 갈바

正中 맛치맛다 ○쵸옴한 노바

湊中 깁히맛다 ○박타라타라 다가바

擡網 반도 ○타랍치 워거시

魚罩 가리 ○다루굴。

罩魚 가리질ᄒᆞ다 ○다루굴。다뮈

倒鬚鉤 미놀 ○설버

魚上餌 고기잇기무다 ○워룹키뮈

網窩 그믈비다 ○워거시 니。

網稀 그믈성긔다 ○워거시 타라막

拴楇子眼 망얽다 ○토놀라뮈

田農補

熟田 ᄒᆡ마다ᄆᆞᄂᆞᆫ밧 ○볼。바순 타랴랑

廢田 묵인밧 ○부할 타랴랑

新開地 ᄀᆞᆺ니론ᄯᅡ ○하갈。불

未開墾地 니로지아닌ᄯᅡ ○아탈 ㄷ 가잘

田界 밧경계 ○타랴랑 ㄷ 지루해

田溝 밧골항 ○타랴랑 ㄷ 샹

翻犁 밧뒤혀다 ○타랴랑 울밧구루뮈

隔壠種 부루박다 ○아락란 타리뮈

苗拱土 삭나셔ᄯᅡ들치다 ○둑두굴 볼ᄇᆞ。

根發芽 움나다 ○수여러뮈

開花 이삭픠다 ○뷔걸。지뮈

打包 믈여믈드다 ○타란 챠두뮈

作粒 알비다 ○취모시뮈

穗下垂 고개숙다 ○술。대지

穗秀齊 섭수죠타 ○타랸 텩실버

分苗 솟고다 ○세러구루뮈

散晒 헷쳐볏쬐다 ○우쿨쿠뮈

颺颺 붓도질ᄒᆞ다 ○퀴쉬뮈 又발븟집봉게둘흐다

耙 써흐레 ○탕나굴

犂鏵 보십놀 ○안지수 연 호시구

轆子木 ᄡᅵᄲᅧᆺ고구을리ᄂᆞᆫ나모 ○쿠불 모도

草人 정의아비 ○마노놀。

揀種 ᄡᅵ흘ᄀᆞᆯ히다 ○쿠룽거 바리뮈

碓擣 방하에찟타 ○누두뮈 又토담ᄊᆞ다

磨一磨 매ᄀᆞ다 ○잉더뮈

重篩 되여츠다 ○나리라뮈

米穀補

凉穀米 청량미 ○량구 호녹 아무 草珠米 율모 ○호리마

青稞 ᄆᆞᆯ보리 ○칭 쿄 노해 연 호식구 豌豆 동비 ○시라 불샤

粘高粱 출슈슈 ○시루케 시시 蕎麥糝 모밀ᄀᆞᄅᆞ ○사각 ᄀᆞᆫ 탈하

米粹子 ᄡᆞᆯ아기 ○쟐마 아무 米皮 등겨 ○커벅

菜蔬補

水茄子 슈가지 ○우순 쳐서 蕳蒿菜 믈쑥 ○퉁호

葫蘆條 박우거리 ○죨루쥬 화랄락산 호루 芥菜 갓 ○개무 노교가

野蒜苗 조총이 ○하랼 云소도리 燕伏苗 메 ○만지소해

車前菜 길경이 ○우궐 원거너 鎗頭菜 삽쥬 ○치뉴 할탈

雀舌菜 쟉설 ○우러 투 오롱골 灰條菜 명화지 ○로소리

果品補

黑葡萄｜｜○보로목산 우좀

杜李 산이스랏○워릴。

草荔枝 뽈기○구졀져거너

山核桃 가래○하가라해 후시가

芡實｜｜○커련 T 너두

杜棣 들죽○한 一云우라간 한

剝果皮 과실 사다○홈호치뮈 一云홉홀루뮈

葡萄藤 포도너출○오로우구

疾病補

久病｜｜○우직 어번친

背病 병즛다○어번친 둘 줄머더지

總不離病 병에 쓰이다○어번친 둘 복다자

落炕 몸져눕다○한쥬라뮈

癆病 로심병○커두러선 어번친

疝氣 산증○나린 어번친

羊吊瘋 간질○우쿨쿡치 어번친

起鬼風疙瘩 두드럭이나다○치뉴 연쿨버시 一云쿨버시러버

傷風 곳블ᄒᆞ다 ○토모고라지

瀁 토랏ᄉ다 ○불길루뮈 又소사나다

落枕 직항증나다 ○쿠쥬군 서더걸투지

刺疼 쓸알히다 ○얼키러뮈

徹骨疼 ᄲᅢᄭ지ᄉ못알타 ○징긔년 어벌두뮈

皮裏抽肉 시드다 ○워룩 ㅣ열 어벌두뮈

昏沉 ㅣㅣᄒᆞ다 ○합 하랑귀

疔 뎡죵 ○하부달

熱疙瘩 여드름 ○챠두라

䶑唇 슌죵 ○도로불 一云 옷홀투지

膨脹 챵ᄒᆞ다 ○도토라 참회뮈

腰閃了 허리ᄆ못다 ○죠 쿠덜。버

酸疼 싀근싀근ᄒᆞ다 ○실키라뮈

甚痛 ᄆᆡ이알타 ○치누뮈

倦軟 늘은ᄒᆞ다 ○웍서러뮈

吽喊 通稱소ᄅᆡ지르다 ○발키라뮈

恍惚 ㅣㅣ ○바롯 부롯

癰疽 죵긔 ○무훌 치키하

口瘡 ㅣㅣ ○아마라ㅗ

生耳底 귀젓나다 ○취 부락투뮈

惡指 싱훈손알타 ○후르구 쿠게투지

漏瘡 ㅣㅣ ○넙터러게 야라

出頭 부리지다 ○아마살 갈바

往裏套 안흐로곰다 ○쿤데러뮈

流濃水 고롬흐르다 ○넙치뮈

水痘 쓰리 ○설커논

見苗 삭뵈다 ○하라굴。우젹더뮈

出花 역질돗다 ○소비라뮈 又아힝보쇼피다

腫脹 브어오르다 ○하방나지 一云하방투지

燎泡 데여브프다 ○츄부리구투뮈

紅腫 븕은발서다 ○바뤼지 又셔뷔여노븕다

劃破 놈에버히다 ○어ᄉᆞ커뮈 又오ᄉᆞ모ᄅᆞ다

剮傷 솔벗서지다 ○실。부라뮈

青傷 다쳐프르다 ○쿠커루뮈

血蔭 피지다 ○치수 눠지러뮈

劃傷 긁히다 ○슈두룩다바

殘疾 ㅣㅣ ○도타구 어번친

禿子 믠마리 ○토로개 호지걸

歪顊 목기운이 ○길。질

拔火鑵 씀단지ᄒᆞ다 ○와룬 솔롤。솔로뮈

纔好些 병우연ᄒᆞ다 ○어벋친 잡살라바

喪葬補

斬衰ㅣㅣ ○서멀케 齊衰ㅣㅣ ○엄커리두선 챠간

薨ᄯᅡㅣᄒᆞ ○어거버 嗚咽 목메여우다 ○히락라뮈

呑聲哭 소리업시우다 ○쇽시뮈 傷心 슬허ᄒᆞ다 ○하시라뮈

憂愁ᄒᆞ다ㅣㅣ ○죠바니뮈 痛苦 ᄀᆞ장셟다 ○호소라 가시군

悲哀ᄒᆞ다ㅣㅣ ○어댤。거테 奠酒 祭ᄒᆞᆯ제술드리다 ○두사가뮈

寺觀補

野神 들희위ᄒᆞᆫ신령 ○커거러 연 옹끈 醜鬼 악귀 ○쿨친

鬼火ㅣㅣ ○알빈 ㄒ갈。 鬼魂ㅣㅣ ○쟈구라두

怪物 지변의ㅅ것 ○ 니굴테。

作祟 빌믜짓다 ○ 아다라뮈

使法術 呪呪ᄒᆞ다 ○ 우바딕라뮈

送祟 쁜것을리다 ○ 쟈구라두 쿨거뮈

器具補

盒子 합 ○ 호스

皮櫃 ㅣㅣ ○ 우커

櫃隔子 간막은탁ᄌᆞ ○ 다시가투

杌子 등상 ○ 이서리

大盔 큰사발 ○ 마탈。 아야가

銅碗 듀발 ○ 시린 아야가

螺螄杯 쇼라잔 ○ 라배 츄주져

小碟子 쇼졉시 ○ 츄치건 피라

湯罐 ㅣㅣ ○ 사호라가

銷子 노고 ○ 해부

銅銷子 퉁노고 ○ 해수

木瓢 나모족박 ○ 투잘가

椰瓢 표ᄌᆞ박 ○ 운홀 아야가

明流子 복ᄌᆞ ○ 더부러

撇口缸 부리너른독 ○달바갈 강　酒瓶 술병 ○마루

罐子 단지 ○롱호　小盆子 픈조 ○평셜데。

繩絡子 노망티 ○토놀 합타가　提籃 드랏기 ○두루투 서벅

小簸籮 젹은고리 ○붉부릭 서벅　簍子 농소 ○퉁가후 서벅

洗淨 가싀다 ○아리루뮈　用布擦抹 힝즈질ᄒᆞ다 ○[illegible]ᄎᆞ무

匠器補

風箱 풀무 ○쿠걸거　鐵砧子 모로 ○두시

鏇子 큰자괴 ○쇼고 오교리　小斧子 젹은도치 ○수컵치

兩刃斧 각괴 ○호얄 일톄 수워　馬牙磋 거음한 ○아라가투 워룹툴。

剪軸 가위사복 ○더거리 터물　三楞錐 [illegible] ○터버년 져우

尖钁頭 곳광이 ○ 숖마개 찹치굴

鐵渣子 쇠ㅅ동 ○ 학

煅煉 쇠닉이다 ○ 우랜하뮈

化鐵 쇠블리다 ○ 시리뮈

繩量 노ᄒᆞ로자히다 ○ 더거수러뮈

鉅了 톱질ᄒᆞ다 ○ 키루거더뮈

鏨了 쌀질ᄒᆞ다 ○ 츄쳐디뮈

雕刻 섭삭임ᄒᆞ다 ○ 쵸끌부리라뮈

蘸鋼 쇠ᄃᆞ므다 ○ 터물 하타가뮈

平地面 평평히ᄒᆞ다 ○ 툽신커뮈

兩點釘 광두뎡 ○ 마라개투 하다가수

扳鉄絲 털ᄉᆞ샙다 ○ 숩투루뮈

燒紅 달호다 ○ 우래뮈

打墨線 먹줄치다 ○ 수굼나뮈

鎊去 자피질ᄒᆞ다 ○ 오끄리다뮈

鉋了 대패질ᄒᆞ다 ○ 하루굴다뮈

鑲嵌 얽어ᄭᅮ미다 ○ 시긴커뮈

鏤了 입ᄉᆞᄒᆞ다 ○ 사굴가뮈

研亮 광치다 ○ 줄굴더뮈

舟車補

樺皮船 적은마샹이 ○위순 숟운 옹孬쟈 一云쟈비

船頭 빗ㅅ니믈 ○호시구

船梢 빗ㅅ고믈 ○키두거

船舷 빗ㅅ젼 ○수달。

槳 비젓ㅅ는나모 ○타타굴

棹 긴사화ㅅ대 ○하야굴

折檣 역풍에 환질ᄒᆞ다 ○살귄 안치라무

纜船 結船ᄒᆞ다 ○알감지라무

船淺住 비여ㅅ흔듸 걸리다 ○탕다뮈 又 ᄒᆞ레질ᄒᆞ다

亮轎 우엽손 교조 ○이러터 서우거

車頭 술위ㅅ 박회통 ○털권 丁 불우

拉車 술위ㅅ그으다 ○털귀 칠루뮈

車顛滉 술위거쳐 충이다 ○털귀 덩섭거터

車惧住 술위박히다 ○털거 아랄다뮈

鞍轡補

駕車鞍 술위메오는기르마 ○털귀 쿨후 어멀。

韁皮 걸피 ○오롱촐 숟。

稍繩 개간지 ○간쥬가

軟鞦 밀치 ○호시 후둘가

鞦韂子 쥬피 ○발。칭

餙件鐵 通稱장식 ○짐석 一云다룰。가

珍寶補

貨財 지믈 ○얼 一云얼 타왈

精金 블린금 ○시질 알。타

葉子金 ｜｜ ○납친 알。타

菓金 빗ᄉ연금 ○채불 알。타

元寶 몰굽쇠 ○왐보ㅗ

青金石 ｜｜ ○노민

熟鐵 닉인쇠 ○시리말。 터물

布帛補

閃緞 ｜｜ ○타지

彭緞 ｜｜ ○펑돤

生綃 ｜｜ ○투구궤 관스

綢紬 주사 ○둘。퉁

機頭 화두 ○ 커영

窨實 승시ᄆᆞᄂᆞ다 ○ 닉타

粗 승새굵다 ○ 세머게

補丁塊 비단조각 ○ 쟈하 서지굴

珠兒線 굵은합션 ○ 넬커멀 우타수

線力緊 실눈되다 ○ 얼침

線力鬆 실눈ᄂᆞ리다 ○ 얼침 우게

紉頭 바ᄂᆞᆯ쎄ᄂᆞᆫ실씃 ○ 수버치

苧麻 테모시 ○ 볼록산 오로수

績麻 삼숨다 ○ 날커루뮈

上線板 실감기에감다 ○ 슝쳐거러뮈

線砣落 탈대 ○ 익ᄀᆞ

砣落打線 탈대질ᄒᆞ다 ○ 익더뮈

綿繒子 잉아 ○ 얼구쳐

理竪絲 ᄡᅵ넛타 ○ 어여러뮈

理橫絲 놀넛타 ○ 엽러뮈

纊線 테짓다 ○ 솔ᄋᆞ비뮈

趕毡子 담미다 ○ 이서게 쥬ᄋᆞᆯ루뮈

抄紙 죠히ᄯᅳ다 ○ 챠가수 슈구뮈

秋香色 숑화식 ○ 놉툴 시라

粉紅 ㅣㅣ ○채불 우랍툴

紅青 모단식 ○쿠컵툴 우라간

絳色 ㅣㅣ ○어리건 웡거 一云우라불 웡거

荳綠 ㅣㅣ ○노고불ㆍ

烏黑 짓흔흑식 ○하라빌

月白 남빗 ○탁타간 ᅮ 웡거

素 무문 ○시루군。又질박ᄒᆞᆫ이

染青 야청드리다 ○박술가라뮈

滿得 만히엇다 ○머려두 오로뮈

儘量得 량껏엇다 ○쿠지머던 오로뮈

買賣補

買賣 ㅣㅣ ○궐거거 一云ᄒᆞ달ᄋᆞ두가 궐거거

販賣 轉賣ᄒᆞ다 ○담지뮈 又太太젼ᄒᆞ다

估價 갑치다 ○타가치구루뮈

價昻 갑빡ᄒᆞ다 ○ᄒᆞ달ᄋᆞ두가 웡게뮈

侵蝕 남모로게 ᄀᆞᆯ여먹다 ○ᄒᆞᆫ지뮈

眼饞 보고욕심내다 ○너두 호로해태

獨佔 ᄒᆞᆫ쟈가지다 ○각챠갈라뮈

爭添 더달라ᄒᆞ다 ○치말하뮈

許贖 뎐당믈너주다 ○죠리구루뮈

債檣 비ㅅ구러기 ○악술。우러질。

債多 빗만타 ○워터러 워리 키버

分派 논화벼로다 ○투하뮈

叩籌分給 사ᄅᆞᆷ혜여논호다 ○물루쳐구루뮈

平分 ᄀᆞᆺ치논호다 ○후배리라뮈 云홀샤라뮈

多加 만히더ᄒᆞ다 ○너머수러뮈

隔出 거르다 ○타샤라뮈

除出 ᄲᅢ히다 ○타샤락다뮈

落空 수에ᄲᅡ지다 ○재당다뮈

稱 큰저울 ○징러굴

天平兌 뎐평으로ᄃᆞ다 ○핑스러뮈

稱底些 저울적이ᄂᆞ리다 ○구。뒤머식

掂估輕重 무긔들어겨보다 ○뎜너뮈

尖量 수북이되다 ○쇽쉴간 컴너뮈

争訟補

辦嘴 입히롬 ○커러굴。

跳嚷 뛰며소릐지ᄅᆞ다 ○더구리뮈

掐脖子 먹잡다 ○보골。죠ᄒᆞ다뮈
拳搗 주머귀로지르다 ○누。두치뮈
連踢 련ᄒᆞ여ᄎᆞ다 ○잇ᄉ쿠쳐뮈 一云잇ᄉ쿠치뮈
揪頭髮 마리털맛잡다 ○워수더뮈
對頭 되숑인 ○어셜구쳘。又敵手
罣誤 남의일에버무다 ○치룩더뮈
被牽扯 일에잇글리이다 ○소리랄。두뮈
又股事 ᄯᆞᆫ가ᄃᆞᆫ일 ○아차 커럭
追告 츄졍ᄒᆞ다 ○다가랄。챠뮈 又뒷스드랄다
勘斷 감죄ᄒᆞ여결단ᄒᆞ다 ○하갈루뮈 又새치다
究問 구힐ᄒᆞ여뭇다 ○산챠라뮈
追問 更招ᄒᆞ다 ○귀쳐뮈 又ᄉᆞ로다
刁蹬 모ᄉᄎᆞᆫ일톄긔ᄒᆞ다 ○츄챠랄루뮈
官司翻了 송ᄉᆞ뒤집히다 ○거덜구더뮈
壓派 억지로ᄒᆞ다 ○구질러뮈
鼇頭 마리쥐여자르다 ○통시뮈
着實打 미이치다 ○죠도뮈
容恕 ㅣㅣᄒᆞ다 ○원거러거뮈
洗冤 伸冤ᄒᆞ여주다 ○챠간하구랄루뮈
鑽營 ᄯᆞ러쳥ᄒᆞ다 ○치너걸커뮈 一云치너걸키러뮈

通線索 暗囑ᄒᆞ다 ○ 슐。버거러뮈

情獘 폐단 ○ 검

戲玩補

頑藝 노롬 ○ 나가둠

撒癲 임내내다 ○ 버렁치러뮈

閒笑 말로우이다 ○ 호숑치라뮈

撲拿 권법ᄒᆞ다 ○ 찰바뮈 一云쳑치뮈

盒子燈 합등 ○ 쿱거 쥬라

毬 죡방울 ○ 뷔물쳑

洗牌 패석다 ○ 소리뮈 一云사무챠구루뮈

決勝負 승부결우다 ○ 슈。구두뮈

替擋 뒤신시기다 ○ 투루거러뮈

兩人俱倒 ᄀᆞᆲ지다 ○ 졀거 우나뮈

相等 ㅣㅣᄒᆞ다 ○ 텅쳘。쳐뮈

敵不住 ᄃᆡ젹지못ᄒᆞ다 ○ 하리구챠시 우게

罵辱補

怒罵嚇 셩내여ᄭᅮ짓다 ○ 쟝구루뮈

約束 잡죄다 ○ 다룽귀라뮈

折磨 석지르다 ○도라다구리루위

擺布 못견듸게구다 ○텬치러구리루무위

作賤 천히너기다 ○키사뮈 又핑계어르령다

甚麼子 무스거시나 ○야군 지터ㄱ 一云지터구러지

村奴 촌것 ○가찬 ㄱ 보골。

癩物 비로먹은것 ○하마구

賤貨 몹시삼긴것 ○쵸쵸구리

賤種 쳔흔삐 ○쵸쵸구리투

怪物 ㅣㅣ ○소로무

厭物 쓸믜ㄴ것 ○지버굴거거

該死的 죽엄즉흔것 ○우쿡선 니키

慣嫁人 화냥이 ○부버굴우쿡선니키 又撥托잘ᄒᆞᄂᆞᆫ놈

飛禽補

青鶴 ㅣㅣ ○하라 토고로ㄴ

鵞兒 죠롱태 ○오보노 一云비치한 타라수

秋黃 보라매 ○보로

斑鳩 뫼비들기 ○쿠러거

水扎子 도요새 ○쟈락

雞雛 병아리 ○춤바가

分形 형용삼기다 ○츄。츄뮈

雛奮上 둙보곰쟈리치다 ○타캬 사후뮈

抖羽 짓써다 ○실。거거뮈

擦地飛 싸히쓰쳐나다 ○덥더리뮈

棲止 드러업듸다 ○올。포다뮈 又留戀ᄒᆞ다

飛騰 놉히ᄯᅳ다 ○쇠로뮈

雞上架 둙홰에오로다 ○타캬 호노라뮈

鶉化了 通稱 길드다 ○다바

鳳頭 놀즘싱머리에두두러진털 ○워북

翅大翎 칼깃 ○쇼도

氄毛 소옴치 ○노오눌

爛氄毛 ᄆᆞᄂᆞᆫ털 ○눌。수

臊尖 새옹민이 ○발。다치

膹 멀써군이 ○버더거

爪 通稱 즘싱의톱 ○살。발

活的 산것 ○아미투

走獸補

麞 고란이 ○쥬르

公野豕 수산제 ○보동

母野豕 암산졔 ○머거지 又샤기밴돗

羚羊 산양 ○부쿵

公羊 수양 ○일거

沙狐 블여ᄋᆞ ○킬사

刺蝟 고솜돗 ○쟈라가

天馬 흰톳기 ○친다가

猿 큰진납비 ○머친

青羊 ㅣㅣ ○쿱컬 이마가

黃羊 ㅣㅣ ○져거러

長毛細狗 삽살개 ○태가 노해

哈叭狗 발발이 ○하바 노해

玊眼狗 골희눈개 ○치컬 노해

白頯子狗 목셴개 ○쿠쥬 야락 노해

黎狗 어룽개 ○어련 노해

破臉 너마흰즘싱 ○할쟌ᄋ

擺尾 ᄭᅩ리치다 ○살발쟈ᄆᆡ 一云실벌져뮈 又일뮈원ᄒᆞ다

咬住 잔득무다 ○합 키쥬 쟈ᄀᆞ바

跳躍 뛰노다 ○토라뮈

猪拱地 ᄯᅡ뒤지다 ○선더치뮈

下崽 즘싱삿기낫타 ○졸쟈ᄀᆞᆫ 가라뮈

小馬 ᄋᆞᄆᆞ ○다가

鐵青馬 철쳥총이몰 ○하라 부루ᄋ 모리

灰青馬 짓빗ᄎᆡ총이몰 ○쿠커 부루ᄋ 모리

海騮 ᄆᆞ리온몰 ○하리군 모리

高脚馬 공상놉흔몰 ○커쿼선 모리

夜眼 밤눈 ○호롱소

三岔骨 삼삼이ᄲᅧ ○오란 야수 네러쿠

蹄心 굽통속 ○커덜머

蹄掌 죡바당 ○타박

外腎 즘싱의신 ○우마닥

腦鬃 조올갈기 ○구쿨ᄋ

捲毛 굽슬굽슬ᄒᆞᆫ털 ○부지길ᄋ

耐長 휘지지아니타 ○다굿부리태

耐遠 먼길겨ᄂᆡ다 ○아얀 두 터부리테

小走 잔거름ᄒᆞ다 ○새불

大走開 ᄶᆞ리것다 ○지루가라무

顛 덜렁이다 ○하타리뮈

躍馬 몰ᄯᅱ오다 ○모리 서걸거뮈ᄋ

放轡 곳비노화ᄯᅱ다 ○우훗키뮈

飛跑 ᄂᆞᄂᆞᆫ두시ᄯᅱ다 ○쿼권 돕토로뮈

四柱腿立 박은ᄃᆞᆺ시 셔다 ○ 시러거러룬 족쥐

奪扯手 냅ᄯᅳ다 ○ 오불키라뮈

搖脖子 고개 흔드다 ○ 사질키라뮈

打奔 집벅이다 ○ 부둘키러뮈

馬噴鼻 ᄆᆞᆯ코 부다 ○ 모리 툴키뮈

打滾 쇠옹이 치다 ○ 웡쿠리뮈

抖毛 털ᄯᅥ다 ○ 실거뮈

脫毛 通稱 털 ᄀᆞ다 ○ 다키 하라뮈

驚跑 놀라 ᄯᅱ다 ○ 울쿠뮈

雙蹄拍 압발 치다 ○ 찹치라뮈

打腦橹 모도굴러 ᄎᆞ다 ○ 쿤터루뮈

掙跳 버릇적이다 ○ 터러구루뮈

墜繮 곳비 ᄭᅳᆯ타 ○ 칠부굴 타수 타라뮈

倒退 무름 ᄡᅳ다 ○ 우후리뮈 옷솔그다

合羣 ᄯᅦ짓다 ○ 이지리두뮈

套馬 ᄆᆞᆯ 올가잡다 ○ 울가라뮈

帶籠馬 바구레 ᄶᅴ오다 ○ 녹토라뮈

搭屜 언치 노타 ○ 곱치뮈

拴軸棍 밀치 ᄭᅵ오다 ○ 샤랑나뮈

紉鐙 등ᄌᆞ드 듸다 ○ 두루거러뮈

走獸

吊乾汗 몸ᄯᆞᆷ드리다 ○ 쇠뮈옷오래이다

滿馳 ᄆᆞᄅᆞ식다 ○ 너러터러 아ᄎᆞ바

壘墜 ᄭᅵᆷ무겁다 ○ 뉘설 옷둔팍ᄒᆞ다

牧放 牧養ᄒᆞ게 ᄂᆞᆺ타 ○ 아도구라뮈

喂肥 먹여ᄉᆞᆯ지ᄋᆞ다 ○ 볼도뮈

肚大了 비부르다 ○ 둔뒤지 一云 둔두굴 볼ᄀᆞ바

啼上瘀血 피나리다 ○ 부라라지

熟瘸 피케여다 ○ 숨마개 도묘라

啼漏 가믈드다 ○ 수둘거

淡黃牛 누루스러ᄒᆞᆫ쇼 ○ 화 우컨

青牛 지ᄉ빗쇼 ○ 쿠커 우컬

倒嚼 여믈도로다 ○ 커비뮈

相頂 서로지르다 ○ 믈구철두뮈

猪窩 돗희외양 ○ 록시

猪食 돗ᄉ이밥 ○ 바둘가

野猪皮 산제피 ○ 보동 고 술

銀針毛 희모 ○ 부구룰

秋板 털ᄇᆞᆺ튼가족 ○ 누ᄀᆞ투ᄉ

毛薄 털보다 ○ 워수 누라해

褪毛 털므우다 ○ 쥬루라구루뮈

剃毛 털삭다 ○ 줴루위 一云 뒤루위

撐皮 가족계오다 ○ 터러무

水族補

鰼鰉魚 물엄 ○ 아불구 一云 홀보

鯖魚 ㅣㅣ ○ 하라 아물

細鱗魚 구을무지 ○ 지버거

厚魚 도미 ○ 우라간 니두

重唇魚 눗치 ○ 답호롤。

昂刺 자가사리 ○ 아갼 一云 아캬

黑魚 가물치 ○ 우컬 지가수 一云 하라 지가수

穿沙魚 모래무지 ○ 모개 어럴。지

船釘魚 쌍피리 ○ 하다순 지가수

泥鰍 믜ㅅ그리 ○ 모개 지라수

鯧魚 망어 ○ 태휘

洋魚 가오리 ○ 앙갼

鞋底魚 혀대 ○ 타마

鱆鮒魚 文魚 ○ 뉴머러

海蟹 농게 ○ 다래 연 내말。지

海蝦 대하 ○ 다래 연 삼 호로해

小螺螄 젹은쇼라 ○키수가 魚腮 고기쟈감이 ○지가순 丅 잘。마개

前分水 앏진엄이 ○지별 後分水 뒷진엄이 ○달。바가

水面吞食 고기믈먹다 ○합시뮈 魚發泡 고기믈방올내다 ○지가수 울투뮈

青蛙 개구리 ○노고간 머러케 鼈蓋 자라남샹의거플 ○합타수

昆虫補

磕頭虫 닥쟝버레 ○물구거치 호로해 花毛虫 안탁갑이 ○워수루 호로해

楊辣子 쐬약이 ○소라 호로해 促織 뵈ㅅ장이 ○구러。저거너

蝲蝲蛄 도로래 ○라구 麻豆蠅 왕프리 ○보로 이랴가

吞繭 누에고치 ○쿠리 연 어굴 蜜脾 벌통 ○살키나

蛇脫皮 비암허믈벗다 ○오개 쥴。부뮈 虫拱動 버레움젹움젹ᄒᆞ다 ○호로해 아들。쟈뮈

虫蟻集聚 버레우글우글ᄒᆞ다 ○호로해 ᄎᆞᆼ호ᄅᆞᆯ득지

樹木補

檀木 ㅣㅣ ○하라 후수 모도

楸 가래나모 ○어머 모도

寄生木 겨ᄋᆞ사리 ○모론 ㄱ 속솔

皂角 ㅣㅣ ○심누ᄂ 고 솔비

柞木 黃柞 황벽피 ○시라츄

嫩皮 속거플 ○쥬ᄅᆞ루마

草木萌動 ㅣㅣㅣ ᄒᆞ다 ○어버순 몰 국후 거툰 치쥬

草木參差 ㅣㅣㅣ ᄒᆞ다 ○월멍구 술멍구

枝杈稀疎 가지희소ᄒᆞ다 ○설버걸

葉落 닙ᄠᅥ러지다 ○솝하 조ᄅᆞ구라뮈

草木黃落 ㅣㅣㅣ ᄒᆞ다 ○어버순 몰ᄋᆞ 시랄 나ᄒᆞᆫ 우롸

木頭墩 나모토막 ○너구러

朽木 석은나모 ○워모키 모도

劈柴 장작 ○두러거 모도 一云 두러시 모도

油松 亮子 관솔홰 ○나라순 거러

烟頭 닝과리 ○투구척

木塞子 쏘야기 ○시바가 옷사슬

花草補

開放 꼿다 픠다 ○치칙 투뮈　鮮艷 픠여 곱다 ○길투기너뮈

紅鮮 픠여란만ᄒᆞ다 ○우래지　靑草 ㅣㅣ ○노쇼

草芽 풀움 ○츄바 노쇼　藿香 ㅣㅣ ○웅커 할가나

半夏 ㅣㅣ ○죠질 어버수　兎絲子 새삼 ○시라 오랑구

赤包子 하ᄂᆞᆯᄃᆞ리 ○노해 연 호하　狗舌草 수리취 ○기치기너

麻楷梃 겨릅대 ○고골수　鬼針 새품 ○키라가나 一云 할부가치 어버수

連角豆楷 청대콩ㅅ대 ○아라수　蒼耳子 돗고마리 ○노쇼가나

引火草 블쏘개 ○웁　水上綿苔 믈에ㅅ이기 ○쿨묵

雜語補

我們 우리들 ○비다란 把我們 우리들을 ○만 ㅣ

在我 내게 ○나둘 是儞的 네것 ○치누게

是我們的 우리들의것 ○마내키 在他 저의게 ○워벌 툴

向誰 뉘게 ○권 둘 誰呀 뉘냐 ○워 권

各處的 각쳐의것 ○가잘 가잘 ㄷ키 處處 곳곳에 ○가잘 가잘 툴

彼處的 져곳에것 ○텬러키연 키 那樣的 져런것 ○치미 아누

往那邊些 져마작가라 ○텐권 볼。 怎麼處 엇지ᄒᆞᆯ고 ○야키바수 볼ᄅᆞ후。

値甚麼 므어시ᄊᆞ니 ○야구 야다후 彼此相左 서로외다 ○오로가 두 오로가

甚麼意思 어이그리ᄒᆞᆫ고 ○야군 울모수 怎好意思 므ᄉᆞᆷ의ᄉᆞ로 ○야군 울마

有甚麽 무어시이시리 ○여구비

怎樣麽呢 엇지ᄒᆞ엿ᄂᆞ니 ○야키잡 베

執定 결단ᄉᆞ코 ○통 又斷然

再三 다시곰 ○새틀

尋思 구을려싱각ᄒᆞ다 ○우하뷔

不時的思 종종싱각ᄒᆞ다 ○칙칙 킈츄산무

權變 ᄒᆞ다 ㅣㅣ ○얼커 볼가뷔

驗實 진실이ᄒᆞ다 ○마갇라뷔

訪問 ᄒᆞ다 ㅣㅣ ○술불지라뷔

訪察 ᄀᆞ찰ᄒᆞ다 ○수벅치러뷔

無信息 쇼식업다 ○수락 탄ᄂᆞᆨ 우게

無踪影 종젹업다 ○바라 투루 우게

心離 ᄆᆞᄋᆞᆷ버셩긔다 ○사나가 부룩시뷔

揪心 ᄆᆞᄋᆞᆷ계이다 ○어리거 타탁다뷔

抗拒 ᄒᆞ다 ㅣㅣ ○무쳐걸거뷔

相拒 서로막ᄌᆞ르다 ○어설구쳐뷔

冒犯 通稱무롭쓰다 ○구질먹러뷔

紛散 분분이흐터자다 ○죡죡 ㅣ열 살나바

向化 ᄒᆞ다 ㅣㅣ ○것치

附他 붓좃다 ○뉘쿠쳐뷔

畏避 ᄒᆞ다 ㅣㅣ ○ 하루수뮈

不希罕 쯘더이너기지아니타 ○ 바하 우게 云바할루후 우게

給沒臉 ᄂᆞᆺ업시보ᄋᆡ렵게ᄒᆞ다 ○ 바라치뮈

沒情分 졍업다 ○ 하ᄂᆞ담

厭煩 일에슬희여ᄒᆞ다 ○ 텂 보로뮈

僭越行 조작ᄉᆞ럽다 又專越行 ○ 더룽케 又着急치아니타

行止小氣 힝지좀ᄉᆞ럽다 ○ 바가 사가라뮈

傳揚 젼파ᄒᆞ다 ○ 다구릿하뮈

急迫 ㅣㅣ ○ 텃ᄉᆞ

異端 ㅣㅣ ○ 옵

無意思 흥황업다 ○ 공소골

廉恥 ㅣㅣ ○ 쳐걸 이쳠테

休出 ᄒᆞ다 離異 ○ 하ᄂᆞ라뮈

懶惰 ᄒᆞ다 ㅣㅣ ○ 잘。하구라뮈

粧俏 교틔ᄒᆞ다 ○ 탕길。쟈뮈

忍心 참아 ○ 투붐터치

掐了 집어ᄡᅳ다 ○ 침키뮈

訛傳 그릇젼ᄒᆞ다 ○ 월빗커뮈

貪污 ㅣㅣ ○ 홉독 부쟐

亂来 덤벙이다 ○ 더메 키뮈

厥背 옷가슴헤치다 ○엉거더뮈
撩衣 옷거두추다 ○더걸。 업거뮈

閒遊 힘힘이노니다 ○앨。치라뮈
懇求 고졀이구ᄒᆞ다 ○가굴。잔 어리뮈

搶臉 冒沒廉恥ᄒᆞ다 ○니굴 줍치뮈
討便宜 편의를구ᄒᆞ다 ○잡샨 어리뮈

希圖僥幸 요힝ᄇᆞ라다 ○고리치라뮈
狠愛 ᄆᆞ장ᄉᆞ랑ᄒᆞ다 ○질빌。거뮈

可愛 ᄉᆞ랑홉다 ○쿠설테 ᄋᆞ부럽다
爭取 ᄃᆞ토와취ᄒᆞ다 ○죠락 머뎐

送到去 보내여가게ᄒᆞ다 ○쿠루구루뮈
生受 안심치아니타 ○타라

能得 의지ᄒᆞ여지내다 ○투루지 아쥬 투루뮈
過還得 계요지낼만ᄒᆞ다 ○치너거테

儘過得 잘지내다 ○너치기너쥬 아쥬 투루뮈
足用 셰간쓸만ᄒᆞ다 ○죱권

富裕 부요ᄒᆞ다 ○쿨테
巨富 크게가암여다 ○놀。구 바야지바

安逸 ㅣㅣᄒᆞ다 ○질가뮈
艱窘 ㅣㅣᄒᆞ다 ○가챡다뮈

困窮 ㅣㅣᄒᆞ다 ○ 시함다뮈
狠窮 마장가난ᄒᆞ다 ○ 싱커 야당기

赤身 ㅣㅣ ○ 버여 니츄군
饞的慌 게걸들리다 ○ 컹쿠루뮈 又 졸졀잉싱굴ᄒᆞ다

餓過了 허거지다 ○ 구랑군바
度命 연명ᄒᆞ다 ○ 아미 죠고뮈

受不得 通稱견듸지못ᄒᆞ다 ○ 텅쿠 우게
危 위틔 ○ 담듬

失望 ㅣㅣᄒᆞ다 ○ 취쿠러버 一云홍회타라 볼。바
遭孽 횡익만나ᄉ다 ○ 키린쳐 투 一云키린쳐 쿨거

嚇的發怔 罔知所措ᄒᆞ다 ○ 벅러러지
皺舊 그으러ᄂᆞᆰ다 ○ 킬。퉁게 又 옥우더더럽다

襤褸 ㅣㅣᄒᆞ다 ○ 어렁게
黑舊 ᄂᆞᆰ아검다 ○ 하라라뮈

起廠 번데지다 ○ 섭커투지
燻黑 ᄂᆡ예그으다 ○ 톨록라뮈

抖洒 드러쎨치다 ○ 구비뮈
除淨 정히쓰다 ○ 아릴。가뮈 又 勦滅ᄒᆞ다

硼晒 버틔여ᄇᆞ리다 ○ 터닐。거뮈
潤 비야젓다 ○ 시머두뮈

蔭開 졈졈퍼지다 ○웅굴。ㄸ 놀로뮈

蔭大 크게퍼지다 ○비라뮈

開廣 퍼져가다 ○바다라뮈

徽乾 젹이ᄆᆞᄅᆞ다 ○워부러뮈

狠乾了 ᄀᆞ장ᄆᆞᄅᆞ다 ○야키라마 ᄒᆞ루래 볼ᄂᆞᆫ

皺皮 구굼살지다 ○우투리뮈

舒展 펴이다 ○지키너뮈

擠住 ᄢᅵ이다 ○치키쳐뮈

壅滯 ㅣㅣᄒᆞ다 ○보코다뮈

塞住 막히이다 ○북러구루뮈

填滿 메이다 ○칙러러구루뮈

合縫 틈마초다 ○함키뮈

遮住 ᄀᆞ리워막다 ○람타뮈

圍遮 둘러ᄀᆞ리오다 ○하시뮈

堵塞 아조막다 ○비터구러뮈 옷우회다

釘牢 든든이박다 ○뷔거러뮈

彎 휘다 ○미타라뮈

向前彎 앏흐로휘다 ○가구굴

一順歪 ᄒᆞᆫ편으로기우다 ○커여러뮈

磨圓了 달하둥그다 ○므루굴 一云매락

壓扁 눌리여넙죽ᄒᆞ다 ○ 함시뮈
偏 비우다 ○ 걸버리무

起重皮 적니다 ○ 옷홀투뮈
有鉤的 곱은것 ○ 고하태

長長的 길ᄉᆞ죽ᄒᆞᆫ것 ○ 울투구리
有角的 귀진것 ○ 원쥭리

有楞的 모진것 ○ 털벌지권
對的尖 ᄆᆞᆺ마촌것 ○ 야굴잘

口面 그릇부리어엿 ○ 토고리
一樣的 ᄀᆞᆺᄒᆞᆫ것 ○ 야다리 수군

相似的 ᄀᆞᆺᄒᆞᆫ듯ᄒᆞᆫ것 ○ 머투식
大些的 큼즉ᄒᆞᆫ것 ○ 야△컷 곤

小些的 죠고만것 ○ 비칠권
壯大 凡物ㅣ ㅣᄒᆞ다 ○ 워거레

狠小 ᄆᆞ장 적다 ○ 직지걸
略少些 약ᄉᆞ간 ○ 키리 又相當ᄒᆞ다

太過 ㅣㅣ히 ○ 단△
許多 ㅣㅣ ○ 커두 컥두

盛的淺 골타 ○ 둔다 一云 둠다굴 又半
稀少 드므다 ○ 토가태 又數잇ᄂᆞᆫ것

容不下 용납지못ᄒᆞ다 ○박타시 우게

剛殼 겨요ᄌᆞ라다 ○무치럴투버

裂縫 틈버다 ○쳘터러뮈

裂開 틈나ᄯᅡ ○잡살라뮈

齊槎截 부러져둘히나다 ○오쵸 어치버

榫開了 맛촌것버다 ○투루러지

刀箭褪出 칼파살이집에새바지다 ○오식다뮈

破通處 세뚤린곳 ○쵸고로해

剖開 새이다 ○홉오루뮈

弄殘壞 즛므ᄋᆞ다 ○업더치뮈

弄碎 ᄇᆞᄋᆞ다 ○검커치뮈 一云실지기나쥬 하가라바

零散 산산이 ○어렌 나기

毀壞 허다 ○업더뮈

坍塌 문허지다 ○누라뮈 一云업더러뮈

刨 피다 ○어루뮈

鑹氷 어름ᄡᅳ다 ○뮈수 챠릴다뮈

劈燒柴 나모ᄯᅢ리다 ○캬치뮈

堆木梁 나모가리다 ○누룸나뮈

削樹皮 가지후리다 ○어루뮈

支架着 버티워세오다 ○삭샐가뮈

歪倒 쓰러지다 ○살ᄋᆞ제위

瑣氣 瑣氣로 좀쳐 ○커킬 서킬

粗糙 通稱 좀되다 ○부ᄃᆡ두쿤

粗做 추히ᄒᆞ다 ○부두굽치러위

草率 ㅣㅣ ○부두구ᄅᆡ락

抹鰾 부레칠ᄒᆞ다 ○챠바고 빌ᄅᆞᄋᆞ다위

粘 붓다 ○나갈ᄋᆞ두위

筋纏 힘감다 ○시리ᄅᆡ러위

重漆油 加漆ᄒᆞ다 ○도롤ᄋᆞ가위

連夜 밤새오다 ○수니 두리위

普裏 모도 ○절거벌

見新 새롭게ᄒᆞ다 ○시년커위

天一然樣 텬연히ᄀᆞᆺ다 ○어루러 압루라 머루

隨合 상합ᄒᆞ다 ○하니태

出色 빗나다 ○얼쿡더위

俏麗 화려ᄒᆞ다 ○우양가태

放光 빗ᄇᆞ이다 ○기ᄅᆡ라발ᄋᆞ쟈위

耀眼 광치눈에 ᄇᆞ이다 ○절거ᄅᆡ루위

旁岔事 겨ᄉᆞ조치일 ○두사갈 커럭

不留閒空 틈업시일ᄒᆞ다 ○칠루거 갈ᄎᆞ후 우게

練長 일에후지지아나타 ○울마태

健壯 ㅣㅣᄒᆞ다 ○아물한

飄然 ㅣㅣᄒᆞ다 ○길。우리뮈 又鮮明ᄒᆞ다

苟且 ㅣㅣ ○하시 야시

潦草 초초ᄒᆞ다 ○하시 커럭

冗雜 ㅣㅣ ○커키넉 사키낙

效驗 ㅣㅣ ○토캳。

極 극진 ○튈。

至狠 잇긋ᄒᆞ면 ○커츈버츄

總得 대개 ○어서버수 벌

起名 일홈짓다 ○너러 웡구뮈

真靠得 진실로밋거다 ○이터건 사나바

邂逅相逢 뜻밧긔만나다 ○얍 홉 캬휴 쟝ᄋᆡ

忽然相遇 홀연이만나다 ○탁 킈쥬 우챠라바

那裏存着 어ᄃᆡ셔사ᄂᆞ니 ○하미가 사구지

年紀多少 나히언머니 ○나수 一云나수 야키지 커두

作甚麼人 무엇ᄒᆞᄂᆞᆫ사ᄅᆞᆷ ○야갑 쿠문

甚麼人 언던사ᄅᆞᆷ고 ○야키산 쿠문

以此 일로ᄡᅥ ○어구벌

該當 ᄒᆞᆫ염즉ᄒᆞ다 ○죠키뮈

自然 그럴시 ○ 칭기지

將次 ㅣㅣ ○ 시한

日後 ㅣㅣ ○ 회치 어둘

却說 ㅣㅣ ○ 티군 어쳐 一云 티군쳐

謹封 ㅣㅣ ○ 바투란 비터굼지러버

封條 封門紙 ○ 비터굼지

一段 ㅣㅣ ○ 니거 앙가

一遭 ᄒᆞᆫ太리 ○ 니거 투샤

生靈 목숨가진것 ○ 아미탄

頭目 ㅣㅣ ○ 다루가

不勝 ㅣㅣ ○ 텃컬。 우게

果然了 과연ᄒᆞ다 ○ 우널 볼ᄋᆞ바

送當 겨룰ᄒᆞ다 ○ 쟙두뮈

甚易 아조쉽다 ○ 노해 킬。발

有干涉 간섭홈이잇다 ○ 하먀태

撈著 걸리ᄂᆞᆫ대로 ○ 올ᄋᆞ 올ᄋᆞ사갈

胡亂 간대로 ○ 부ᄋᆞ루구 불루구갈

備辦 쥰비ᄒᆞ다 ○ 버러키뮈

末尾 ᄆᆞᄎᆞᆷ막 ○ 어츄ᄉᆞ

完的快 샐리ᄆᆞᆺ다 ○ 샤ᄅᆞ키타라 바라바

終局 ᄆᆞᆾ다 ○다ᄀᆞᆺ부리라뮈

淨了 일ᄆᆞᆺ차간 졍ᄒᆞ다 ○아리ᄀᆞᆺ바

蒙語類解補編終

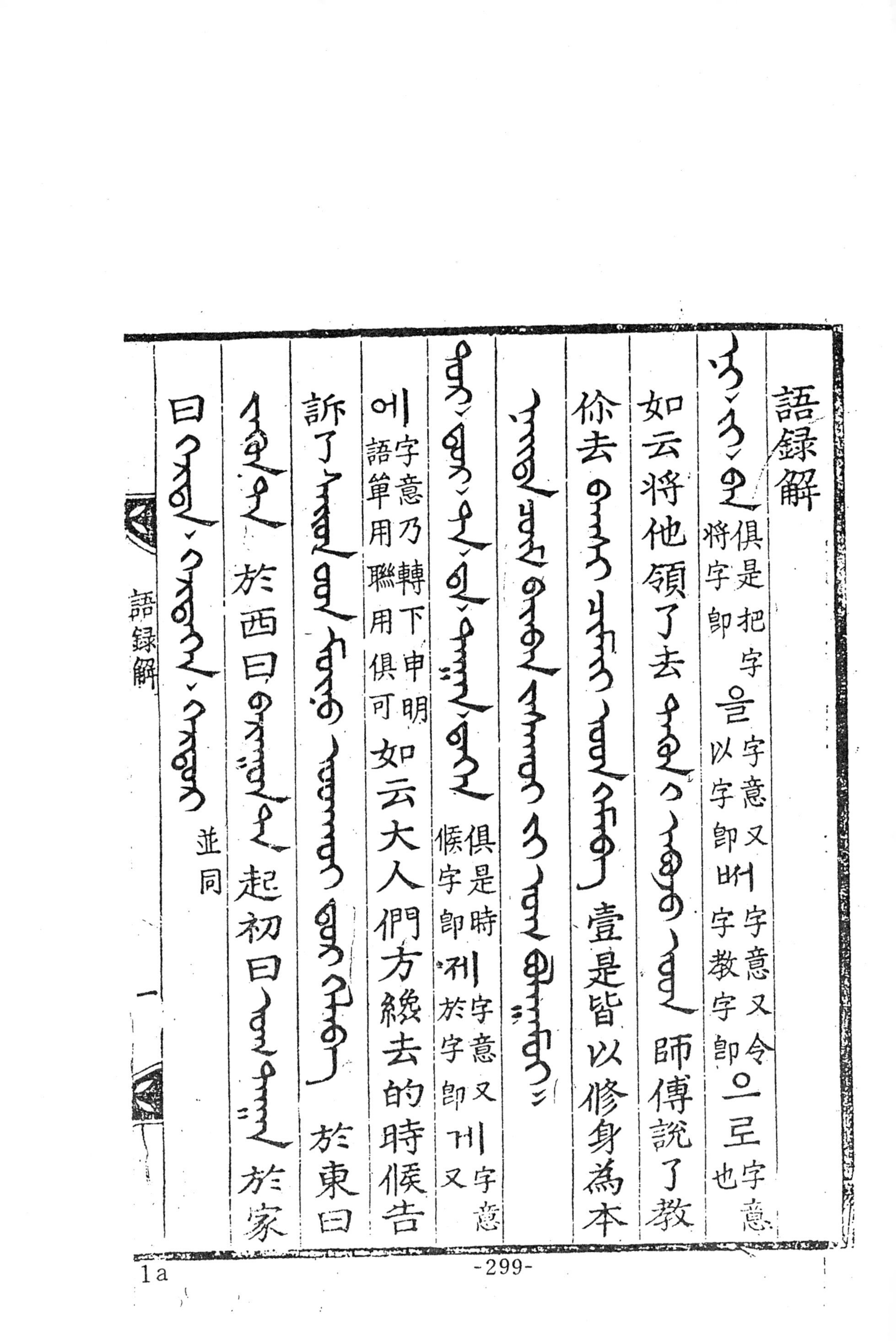

語錄解

ᠪᡝ 俱是把字將字卽 을 字意又以字卽 써 字意又令字教字卽 으로 字意也

如云將他領了去 [illegible] 師傅說了教你去 [illegible] 壹是皆以修身為本 [illegible]

[illegible] 俱是時候字卽 제 字意又於字卽 게 又字意 에 字意乃轉下申明語單用聯用俱可 如云大人們方纔去的時候告訴了 [illegible] 於東曰 [illegible] 於西曰 [illegible] 起初曰 [illegible] 於家曰 [illegible] 並同

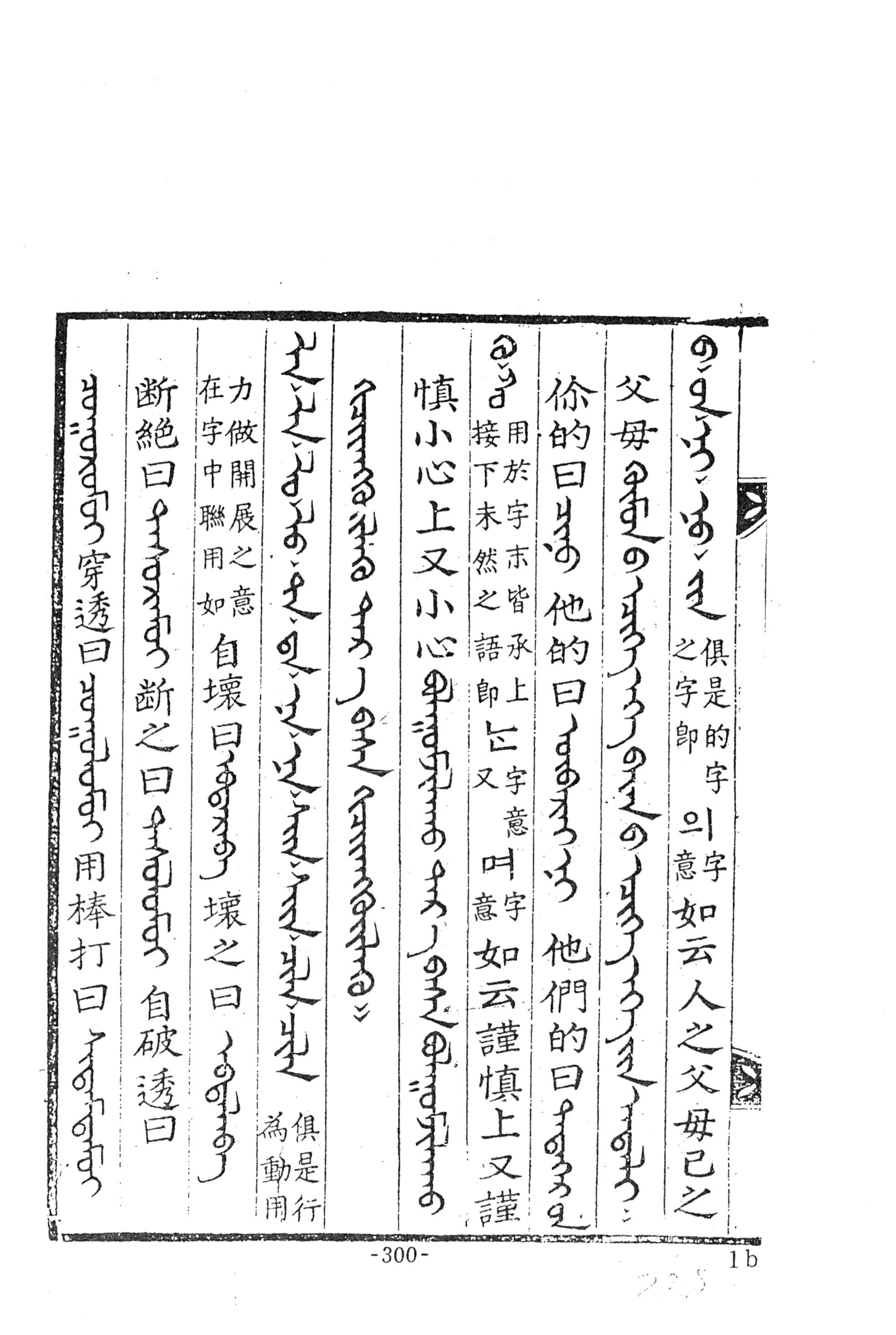

[Manchu] 俱是的字之字即ᡳ字意 如云人之父母己之

父母 [Manchu]

你的曰 [Manchu] 他的曰 [Manchu] 他們的曰 [Manchu]

[Manchu] 用於字末皆承上ᡳ字意接下未然之語即ᡳ又[Manchu]字意 如云謹慎上又謹

慎小心上又小心 [Manchu]

[Manchu]

[Manchu] 俱是行為動用

力做開展之意在字中聯用如 自壞曰 [Manchu] 壞之曰 [Manchu]

斷絕曰 [Manchu] 斷之曰 [Manchu] 自破透曰

[Manchu] 穿透曰 [Manchu] 用棒打曰 [Manchu]

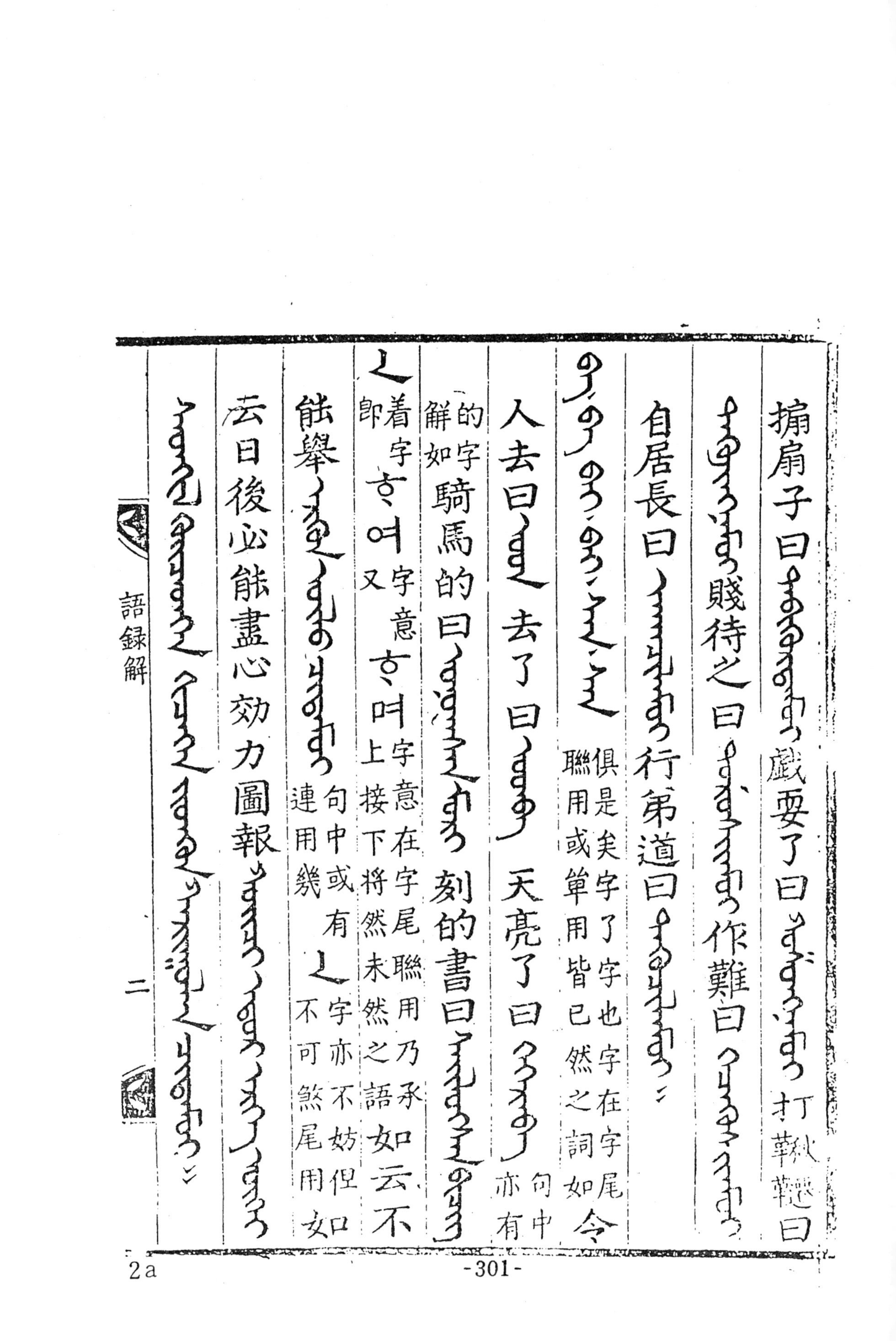

搧扇子曰　戲耍了曰　打鞦韆曰

賤待之曰　作難曰

自居長曰　行弟道曰

俱是矣字了字也字在字尾聯用或單用皆已然之詞如令

人去曰　去了曰　天亮了曰　句中亦有

的字解如　騎馬的曰　刻的書曰

着字即ᄒᆞ여字意又ᄒᆞ며字意在字尾聯用乃承上接下將然未然之語如云不

能舉　句中或有字亦不妨但如連用幾不可煞尾用

云曰後必能盡心効力圖報

俱是的了字即ᄒᆞᄑ字意又ᄒᆞ여셔字意在字尾聯用乃

結上接下将然已然之詞 如云說了着 語氣相似則連用數

字義並同 如云找到了家裡去歇一歇

吃了 洗了臉再来

又漢文而字則用 如云富而貴

俱是追述語即ᄒᆞ엿더니字意上用

字照應 如云原是一箇最好的人来着

原来字即상풍字意在句首用此下必用 等字應之

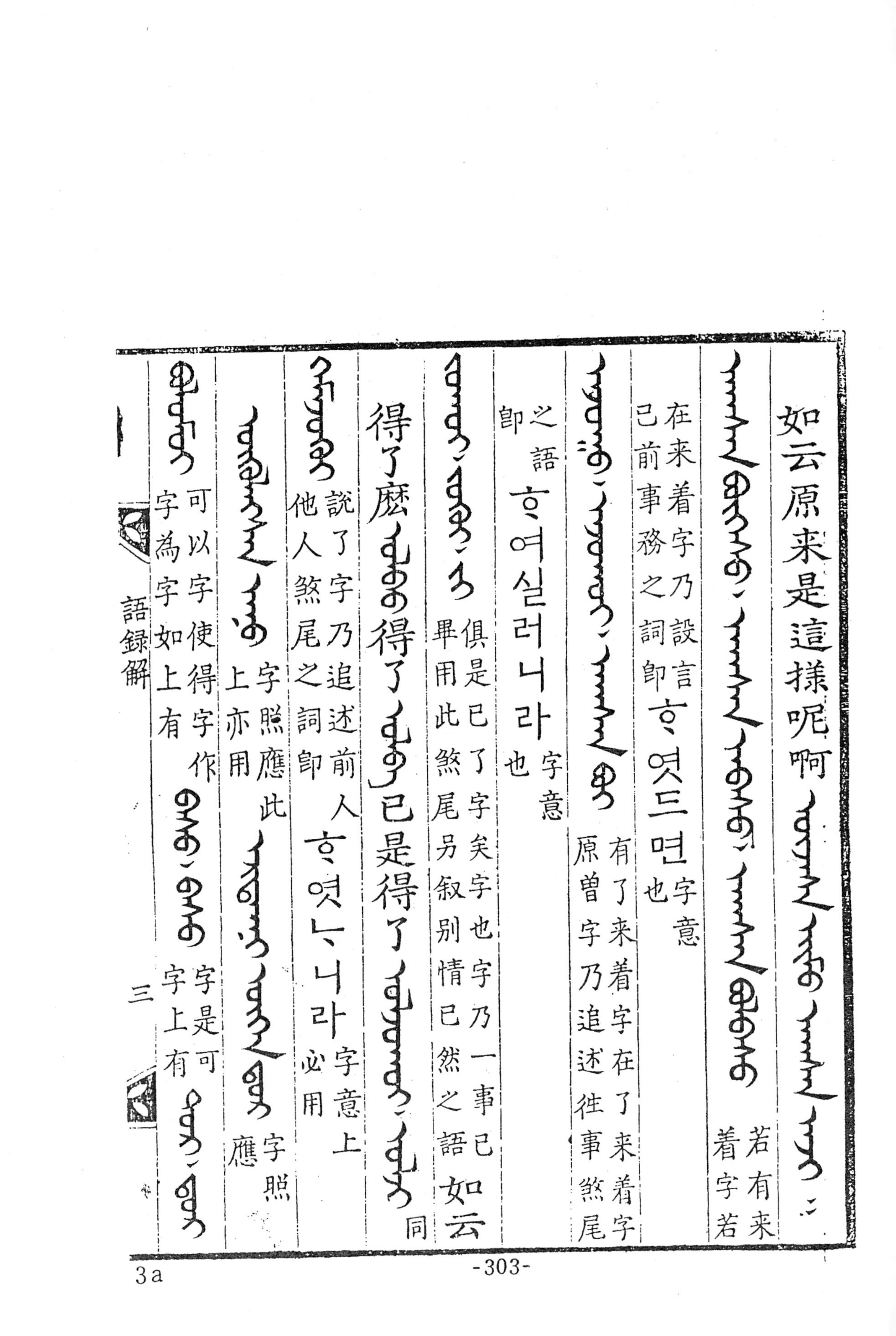

如云原来是這様呢啊 若有来着字若

在来着字乃設言已前事務之詞卽ᄒᆞ엿드면也字意

有了来着字在了来着字原曾字乃追述往事煞尾之語卽ᄒᆞ여실러니라字意也

俱是已了字矣字也字乃一事已畢用此煞尾另叙别情已然之語 如云

得了麽 得了 已是得了 同

説了字乃追述前人他人煞尾之詞卽ᄒᆞ엿ᄂᆞ니라字意上必用

字照應此上亦用 字照應

可以字使得字作字為字如上有 字是可字上有

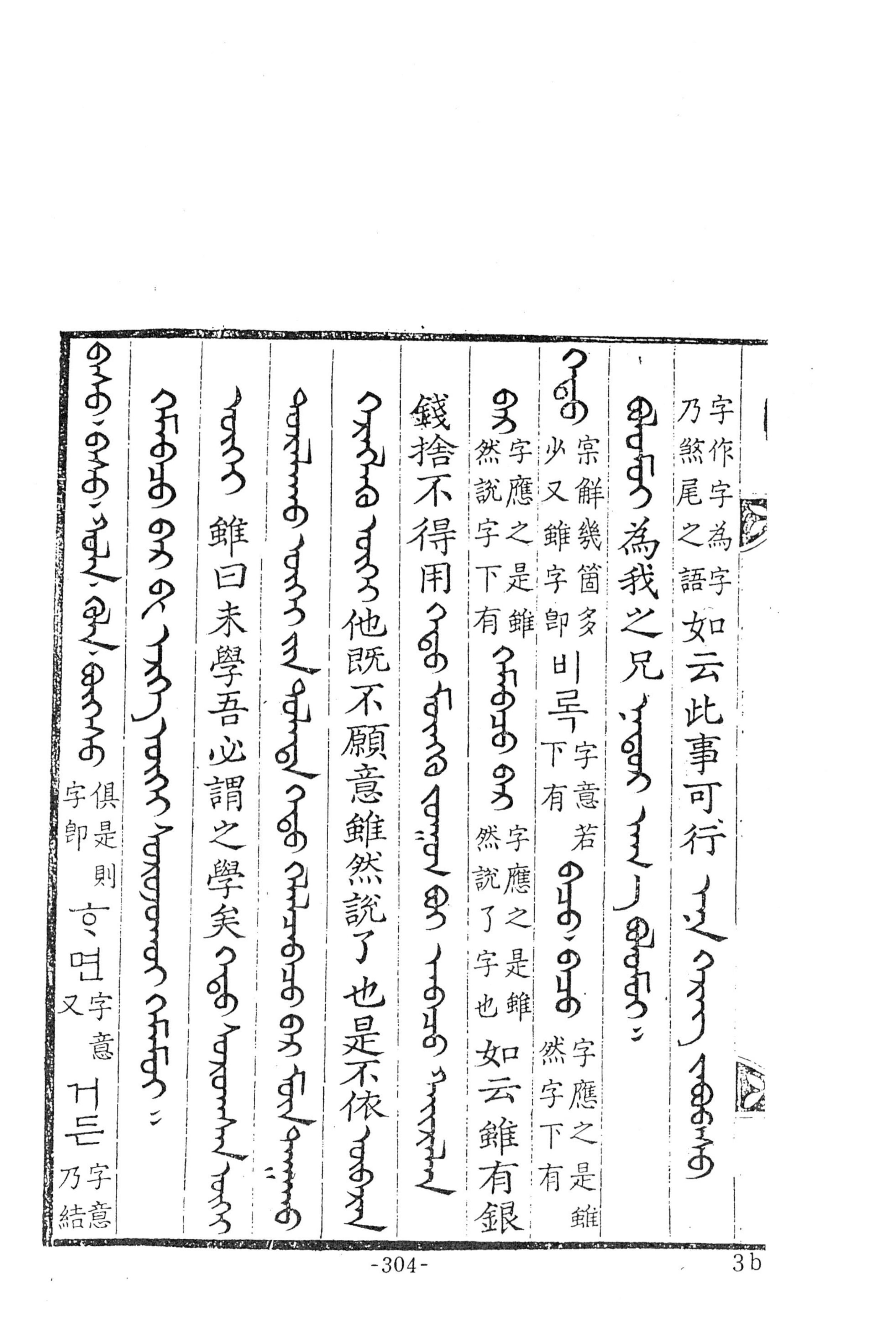

字作字為字乃煞尾之語 如云此事可行

為我之兄

宗解幾箇多少又雖字即 비록 字意若下有 字應之是雖然字下有

字應之是雖然說字下有 字應之是雖然說了字也 如云雖有銀

錢捨不得用

他既不願意雖然說了也是不依

雖曰未學吾必謂之學矣

俱是則字即 ᄒᆞ면 字意又 거든 字意乃結

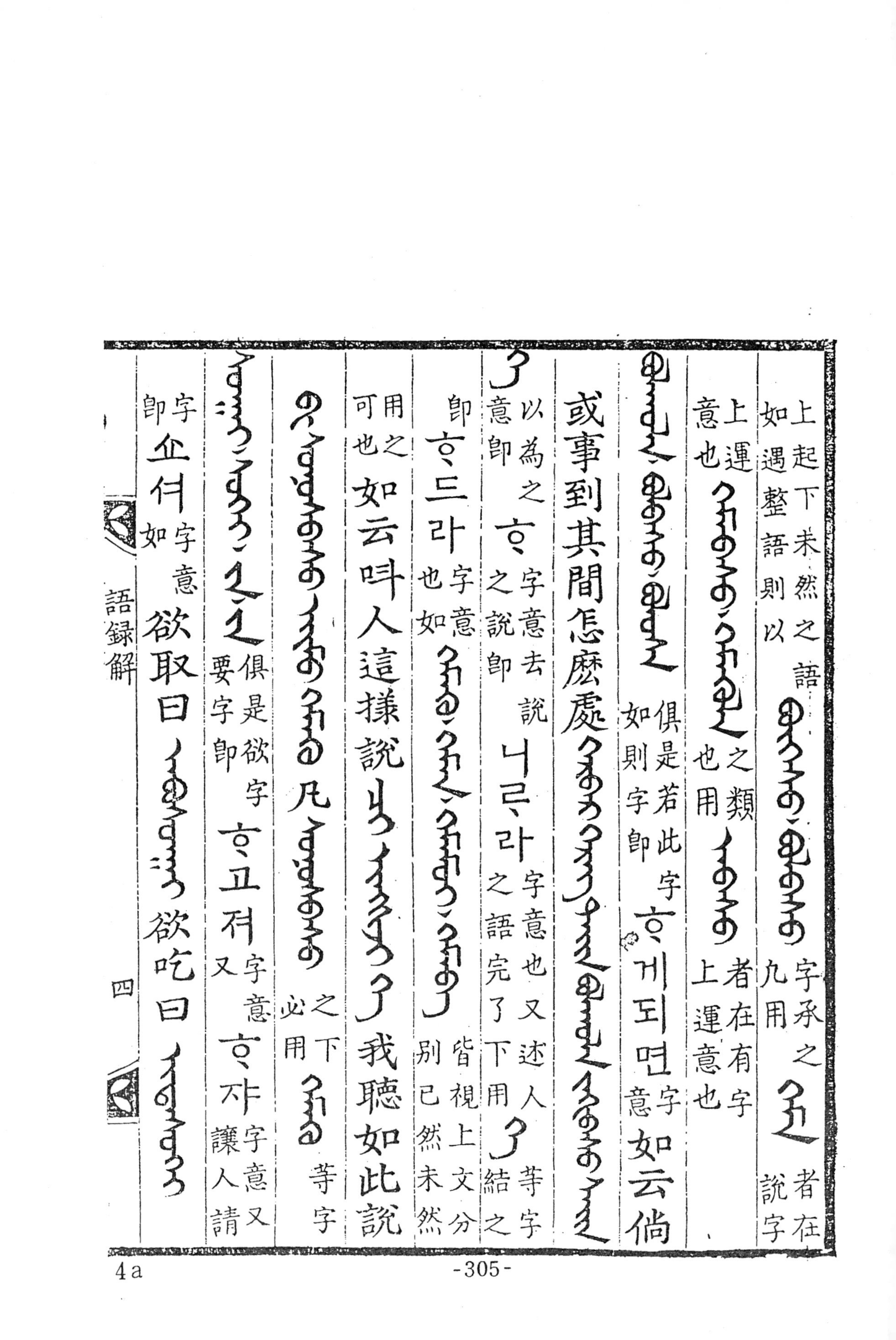

上起下未然之語如遇整語則以 [Manchu] 字承之凡用 [Manchu] 者在説字

上運意也 [Manchu] [Manchu] 之類也用 [Manchu] 者在有字上運意也

[Manchu] [Manchu] 俱是若此字如則字卽 ᄒᆞ게되면 字意 如云倘

或事到其間怎麽處 [Manchu] [Manchu] [Manchu] [Manchu]

[Manchu] 以為之意卽 ᄒᆞ 字意去説之説卽 니르라 字意也又述人之語完了下用 [Manchu] 等字結之

卽 ᄒᆞ드라 字意也如 [Manchu] [Manchu] [Manchu] 皆視上文分別已然未然

用之可也 如云吽人這様説 [Manchu] [Manchu] 我聽如此説

[Manchu] [Manchu] 凡 [Manchu] 之下必用 [Manchu] 等字

[Manchu] [Manchu] 俱是欲字要字卽 ᄒᆞ고져 字意又 ᄒᆞ쟈 字意又讓人請

字卽 企付 字意如 欲取曰 [Manchu] 欲吃曰 [Manchu]

請坐曰ᡨᡝᡴᡳᠨᡳ 請吃曰ᠵᡝᡴᡳᠨᡳ

[Manchu] 任憑他罷字又使令他人意卽ᄒᆞ게ᄒᆞ라字意也句末用之與[Manchu]

[Manchu]等字稍異[Manchu]者有意使之如此[Manchu]等字

任彼如此也如等他自来曰ᠵᡳᡴᡳᠨᡳ 任他坐曰ᡨᡝᡴᡳᠨᡳ

必使指他人而言也如云任憑你罷[Manchu]

[Manchu]俱是轉諭使令教令字卽ᄒᆞ게字意在字中聯用上

文有[Manchu]者照應轉諭使令教令字如上有令[Manchu]者照應是被他字卽ᄒᆞ이다

字意如云教他料理去[Manchu]被他

数落了一場[Manchu]如當面令人云

你走罷[Manchu]如轉諭令人云教他走[Manchu]如無[Manchu]

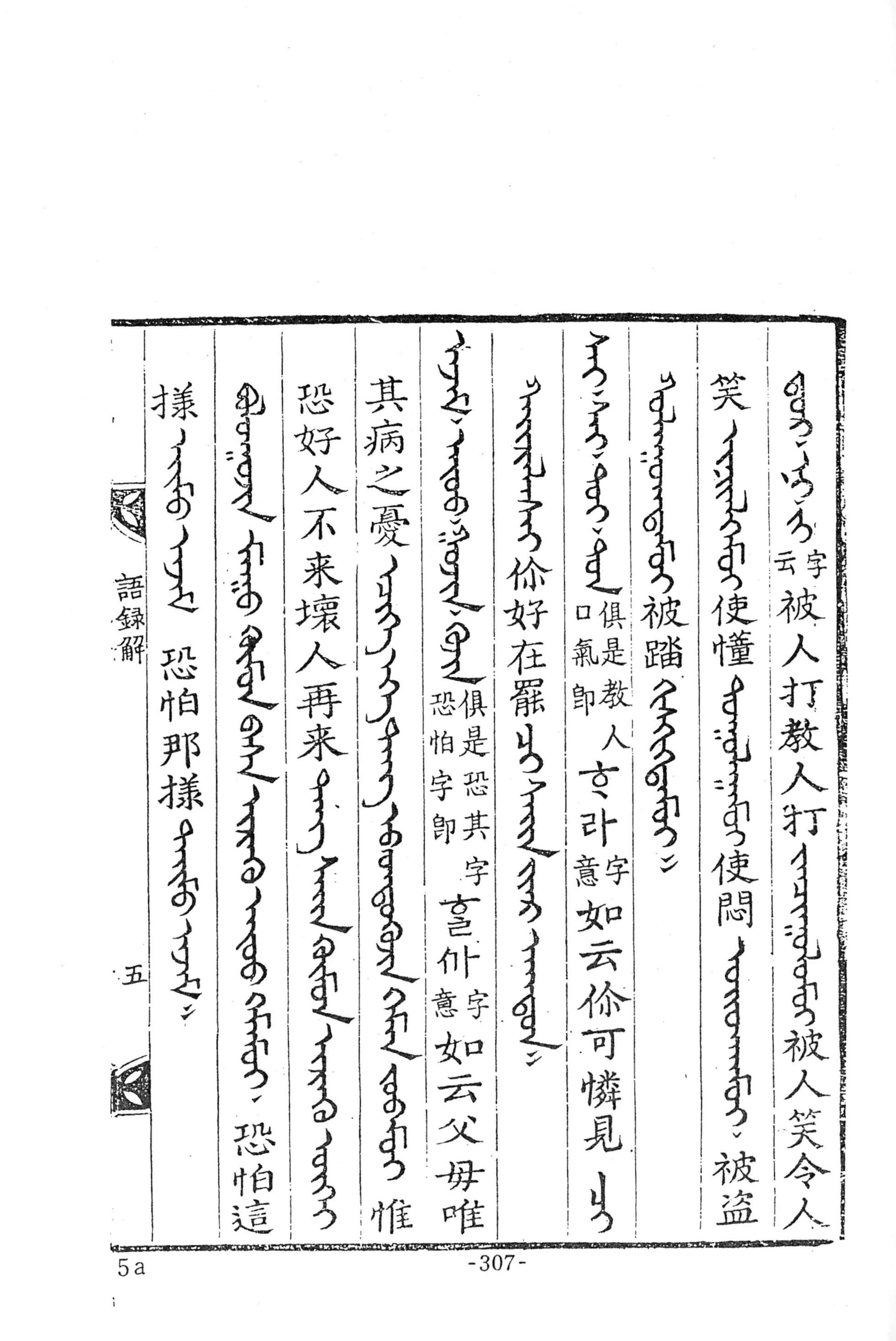

[Manchu] 字云被人打教人打 [Manchu] 被人笑令人

笑 [Manchu] 使懂 [Manchu] 使悶 [Manchu] 被盜

[Manchu] 被踏 [Manchu]

[Manchu] 俱是教人口氣卽 ᄒᆞ라 字意如云你可憐見 [Manchu]

[Manchu] 你好在罷 [Manchu]

[Manchu] 俱是恐其字恐怕字卽 ᄒᆞᆯ가 字意如云父母唯

其病之憂 [Manchu] 惟

恐好人不來壞人再來 [Manchu]

[Manchu] 恐怕這

樣 [Manchu] 恐怕那樣 [Manchu]

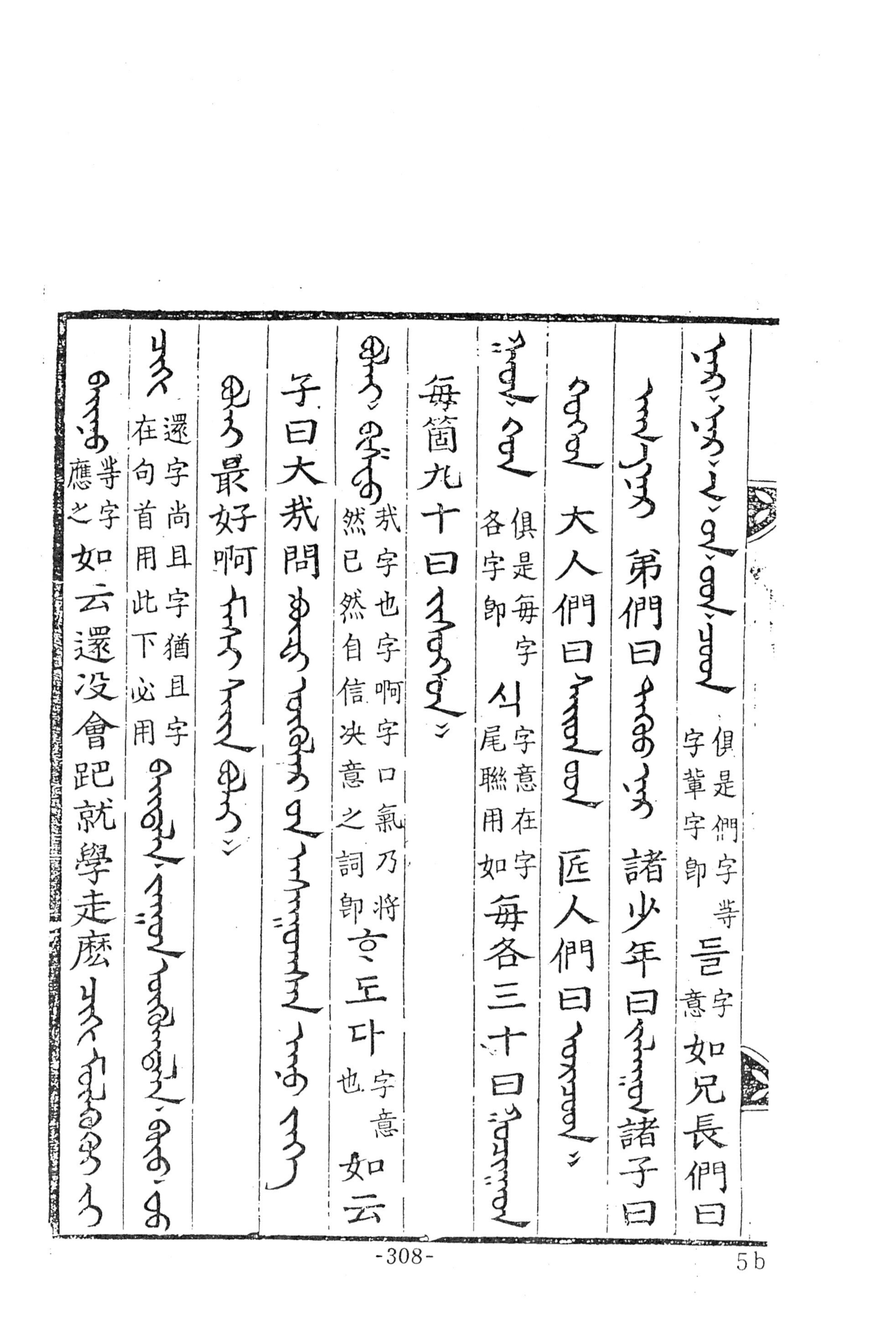

俱是們字等字輩字即들字意 如兄長們曰

弟們曰 諸少年曰 諸子曰

大人們曰 匠人們曰

俱是每字各字即식字意在字尾聯用 如 每各三十曰

每箇九十曰

我字也字啊字口氣乃將然已然自信決意之詞即ᄒᆞ도다字意 如云

子曰大哉問

最好啊

還字尚且字猶且字在句首用此下必用

等字應之 如云還没會跑就學走麽

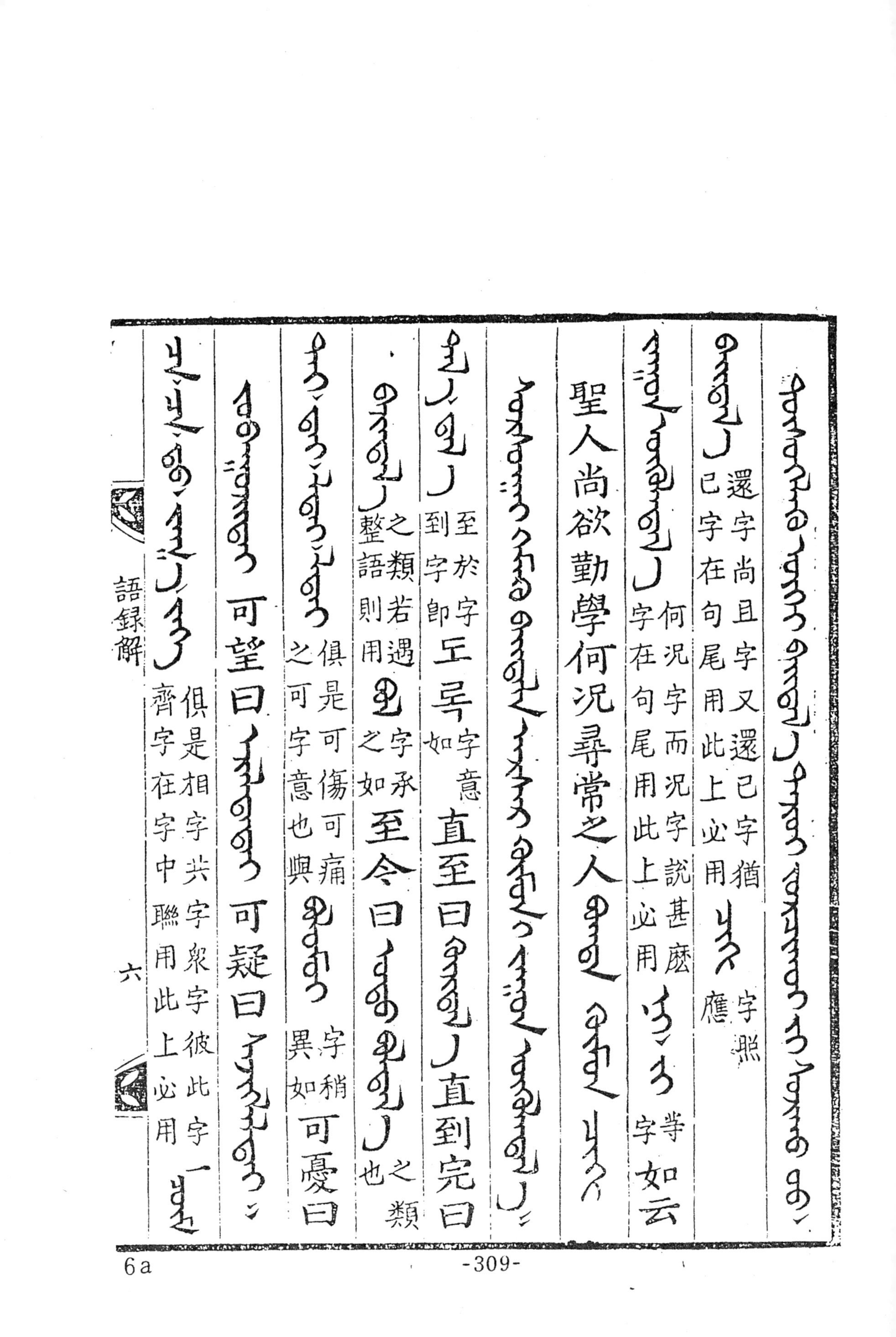

還字尚且字又還已字猶已字在句尾用此上必用字照應

何況字而況字說甚麽字在句尾用此上必用等字如云

聖人尚欲勤學何況尋常之人

至於字到字卽도록字意如直至曰直到完曰

之類若遇整語則用字承之如至令曰之類也

俱是可傷可痛之可字意也與字稍異如可憂曰

可望曰可疑曰

俱是相字共字衆字彼此字一齊字在字中聯用此上必用

語録解 六

等字照應亦有不用者義並同

如共飲曰

一齊笑曰 共合曰 同看曰

衆坐曰 齊臥曰

與其字不但字不惟字強如字即 ᄒᆞ모론 字意在字尾用此上必用

等字此下必用 字應之

如云與其埋怨於事後不如

小心於起初

不但說字且別說字即 ᄒᆞᆯᄲᅮᆫ아니라 字意在句尾用

俱是麽字乎字歟字又啊字口氣即 ᄒᆞ냐 字意

俱係詰問疑詞 字即已然字也

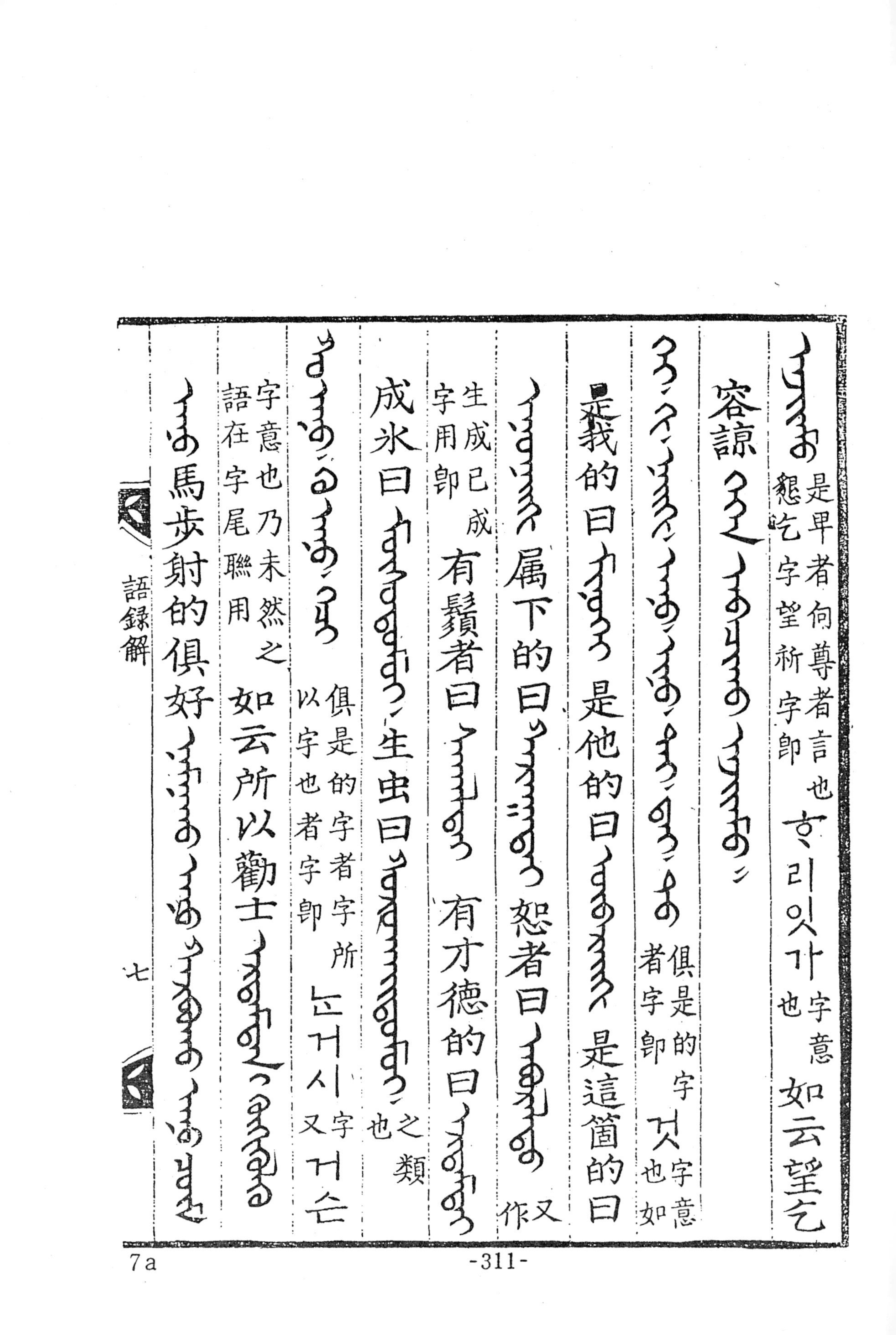

是卑者向尊者言也 懇乞字望祈字卽 ᄒᆞ리잇가 字意也 如云望乞

容諒

俱是的字者字卽 것 字意也如

是義的曰 是他的曰 是這箇的曰

屬下的曰 恕者曰 又作

生成已成字用卽 有鬚者曰 有才德的曰

成氷曰 生虫曰 之類也

俱是的字者字所以字也者字卽 는거시 字又 거슨

字意也乃未然之語在字尾聯用 如云所以勸士

馬步射的俱好

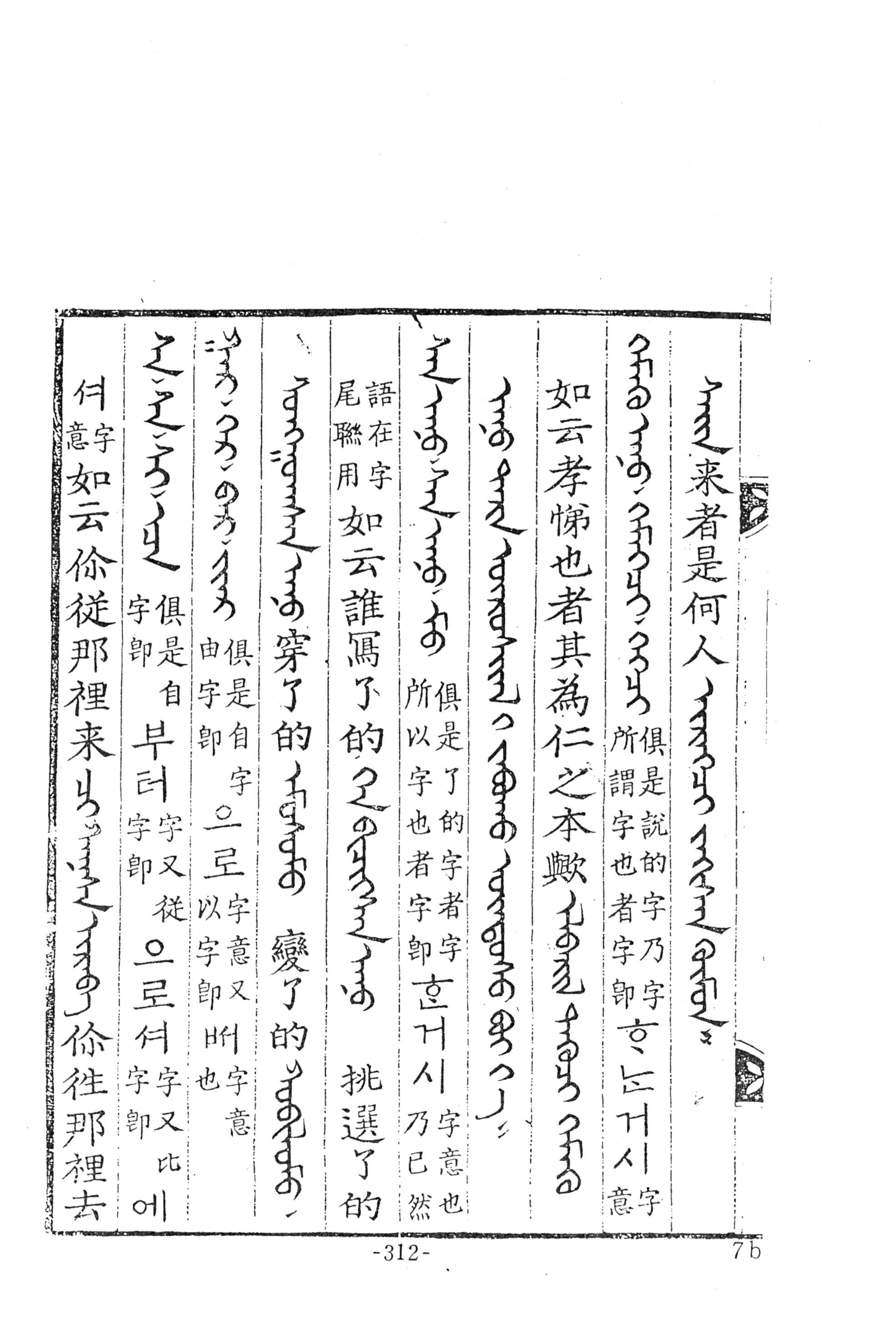

来者是何人

俱是說的字乃字所謂字也者字卽ᄒᆞᄂᆞᆫ거시字意

如云孝悌也者其為仁之本歟

俱是了的字者字所以字也者字卽ᄒᆞᆫ거시字意也乃已然

語在字尾聯用 如云誰寫了的 挑選了的

穿了的 變了的

俱是自字由字卽 으로 字意又以字卽 ᄡᅥ 字意也

俱是自字卽 부터 字又從字卽 으로셔 字又比字卽 에

셔字意 如云你從那裡来 你往那裡去

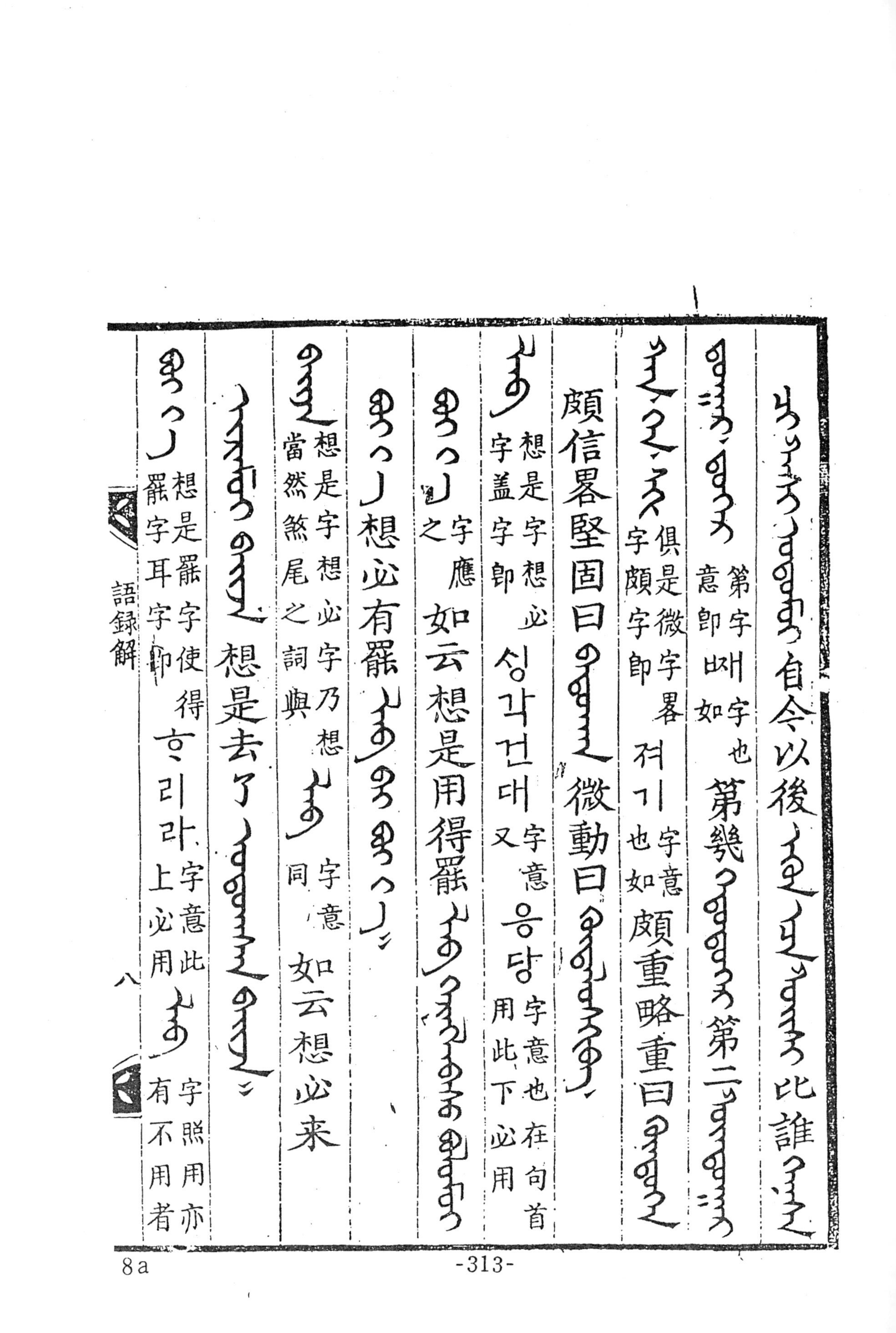

自今以後 比誰

第字째字也意卽ᄧᅢ如 第幾 第二

俱是微字畧字頗字卽저기也 字意如 頗重畧重曰

頗信畧堅固曰 微動曰

想是字想必字盖字卽 싱각건대 字意又 응당 字意也在句首用此下必用

字應之 如云想是用得罷

想必有罷

想是字想必字乃想當然煞尾之詞與 字意同 如云想必來

想是去了

想是罷字使得罷字耳字卽 ᄒᆞ리라 字意此上必用 字照用亦有不用者

乃省文之意耳 如云想必不是罷 [illegible]

[illegible] 罷咧字而已字卽 ᄯᆞ름이라 字意 如云好罷咧 [illegible]

[illegible] 俱是旋字又卽字卽 ᄒᆞ며즉시 字意也

[illegible] 俱是只管字儘着字不止字在字尾聯用乃不停住長往之詞 如云秉燭

達旦 [illegible] 驚醒了 [illegible]

[illegible] 此等字下必用 [illegible] 字 [illegible] 字

[illegible] 此等字下亦必用 [illegible] 字 [illegible] 字

語錄解終

檢察官三員

漢學行副司直李　瀷

清學行副司直玄啓百

行副司直尹春咸

校正官五員

漢學前僉正　洪仁福

蒙學行副司直方孝彥 無監印

前　正　朴尚秀

前僉正　趙重鎭

前直長　劉漢明

書寫官四員

蒙學前奉事　金致禎

前奉事　金信璧 兼掌務官

前衆奉　方孝騫

行衆奉　卞光豪

監印官一員

前僉正　金亨宇